Über die Autorin

Paula Almqvist möchte den Mutmaßungen, die Wolfgang Menge im Vorwort über ihre Biographie anstellt, nicht widersprechen. Nicht, weil diese richtig wären. Sondern weil die Wirklichkeit weniger amüsant ist und sie ihre Leser nicht langweilen will.

Weitere Buchveröffentlichungen (ohne Vorwort): «Eine Klasse für sich – Adel in Deutschland» (vergriffen); «Familienstand: Geliebte» (STERN-Buch im Verlag Gruner & Jahr).

PAULA ALMQVIST

MITGEFANGEN, MITGEHANGEN

Über das Leben im Zeitgeist-Takt
STERN-Kolumnen

Mit einem Vorwort von
Wolfgang Menge

rororo
ROWOHLT

Originalausgabe
Veröffentlicht im Rowohlt Taschenbuch Verlag GmbH,
Reinbek bei Hamburg, Mai 1988

Redaktion Meike Wolff
Umschlaggestaltung Barbara Hanke
(Foto der Autorin: Wolfgang Klein)
Satz Sabon (Linotron 202)
Gesamtherstellung Clausen & Bosse, Leck
Printed in Germany
780-ISBN 3 499 15983 X

INHALT

Schwächen & Gebrechen

Büroluft

Sein oder Design

Heim & Welt

Von Männern und Frauen

VORWORT

Bei mir fing es mit dem Namen an. Paula Almqvist. Hübsch, dachte ich arglos. Da hat aber mal jemand Glück gehabt mit seinem Namen. Nachdem ich indessen ein paar Geschichten von ihr gelesen hatte, wurde ich mißtrauisch, mochte nicht mehr an Zufall glauben. Heute bin ich davon überzeugt, daß sie so lange geheiratet hat, bis sie jemanden hatte, dessen Name am besten zu Paula paßte.

Ebenso unbelastet kommen ihre Sätze und Gedanken die Straße heruntergetrabt. Erst wenn sie vorüber sind, zucken wir zusammen. Irgendwas war anders gekommen, als wir es erwartet hatten. So harmlos wie Paula tut, ist sie nämlich fast nie. Häufig wirken ihre Artikel, als seien sie aus einer romanischen Sprache übersetzt, weil ihnen zu fehlen scheint, was wir an uns sonst so schätzen: Tiefsinn und Gründlichkeit. Mit unserer Sprache geht sie ähnlich unbekümmert um; nichts erinnert an die Schriftsätze des Bundesverwaltungsgerichts, die vielen ihrer renommierten Kollegen als Vorbild zu dienen scheinen. Victor Auburtin hat sich mal so entschuldigt: «Ich bin Deutscher, aber ich erlaube mir, die Sprache Montaignes zu verstehen.» Das war allerdings in einer anderen Welt, vor einigen deutschen Kriegen, Nationales anders gefährdet als heute.

Was uns Deutsche jetzt plagt, Paula weiß es und beschreibt barmherzig, wie etwa selbst das tägliche Brot, von Fasan bis Pfifferling, hilflos den verschiedensten Vergiftungen ausgesetzt ist, Glykol im Wein, Tschernobyl im Schnittlauch. Lange kann das nicht mehr gutgehen. Nur etwas irritiert sie, am Ende ihrer Plauderei gibt sie es zu, was geschieht nur mit unseren europäischen Nachbarn, die so unbekümmert alles in sich hineinfressen? Wieso sind die eigentlich nicht ausgestorben? Ja, wie kann es geschehen, daß wir Deutsche überhaupt noch Nachbarn haben?

Manchmal scheint sie zu befürchten, zu diskret zu sein. Dann wird sie unvermittelt ruppig, gibt sich indessen meist mit einem Wort zufrieden. Wer hat hier ficken gesagt? Spätestens im nächsten Halbsatz tut sie, als wäre nichts gewesen. Unschuldig strahlt sie wieder als Dame aus ihrem Fauteuil.

«Überall dabeisein, nirgendwo dazugehören.» Das war mal Prinzip für Journalisten. Heute scheint dieses Axiom vielen entfallen zu sein. Journalistische Karrieren beginnen jetzt häufig mit einem Beitritt. Wer dazugehört, kann obendrein leicht aufs Dabeisein verzichten. So gesehen ist Paula Almqvist altmodisch, und der Titel «Zeitgeist» , unter dem ihre Arbeiten im STERN erscheinen, wirkt auf sie eher anstößig. So schreibt sie zugleich über und gegen ihn.

Sie ist überall dabei, aber nirgendwo Mitglied. Dabei entgeht ihr nichts; sie registriert alles, wie jemand, der sich nach einem Pfennig bückt, selbst wenn dieser quer durch den Supermarkt gerollt sein sollte. Wie würden sich manche Kollegen aufplustern, wenn ihnen einmal nur halb soviel aufgefallen wäre, wie ihr fast immer auffällt.

Doch sie renommiert nie, weder mit ihren Gedanken noch mit ihrem Stil. Kein Thema ist ihr zu profan, sie schreckt vor nichts zurück, erst recht nicht vor Banalem. Vermutlich, weil sie davon überzeugt ist, daß es unter ihren Fingern zum Besondern gerinnt, wenn nicht gar zu Extravagantem.

Immer fehlt ihr der so gräßlich deutsche missionarische Eifer, sie schreibt eher unauffällig, dennoch temperamentvoll und stets präzise, wenngleich auf eine – ich weiß, was ich jetzt riskiere – weibliche Weise. Selbst wenn sie aus dem Hautarzt einen Dermatologen macht, will sie nicht protzen. Der Geruch stört sie, das ist alles. Und was spricht dagegen, die Angst, einen Trend zu verpassen, Neopathie zu nennen?

Nein, alles liest sich weg wie Butter. Auf den Leser wird der Eindruck übertragen, es würde ihr Spaß machen, zu schreiben. Das mag sogar stimmen, denn die Kolumnen sind schließlich ihre Kür, die Pflicht sind Reportagen. Die werden mit Preisen gewürdigt, erscheinen aber in anderen Büchern.

Wolfgang Menge

NOTIZEN AUS DER ARBEITSWELT

ALLE MACHT DEN FRISEUREN

Über das Zittern vor einer geschmackvollen Schere

Die Überschrift ist irreführend: Die schicken Menschen, von denen hier die Rede ist, heißen heute Stylisten, Coiffeure, Trendsetter. Oder einfach Phil und Roy und Bill. Man hat sie zu kennen auf der Szene; ihr Status ist so superb, daß es keine Nachnamen braucht.

Phil, Roy und Bill sind die Stützen der neuen Kaffeehaus-Society. Eher geht ein Kamel durchs Nadelöhr, als daß ein Computerfachmann oder Chemielehrer in den Klatschspalten der Stadt-Magazine erwähnt wird. Aber auf Phil, dem Papst der Luxus-Punksträhne, ruht das Auge der Gesellschaftsreporter von «Tango», «Tempo» und «Elaste» wohlgefällig. Ihre Prominentenloge in den Zeitschriften für modernes Lebensgefühl teilen sie mit den Stammkellnern und Barmännern der In-Kneipen. Wenn einer von ihnen die Freundin wechselt – wir erfahren es unverzüglich.

Als wir noch klein waren, stanken uns gewisse Verhaltensweisen unserer spießigen Eltern: Wie sie beim Sonntagsspaziergang erwarteten, daß Friseur Schmittchen zuerst den Pepitahut vom Kopfe zog, ehe sie ihren Dienstleister gnädig zurückgrüßten. Wie geschmeichelt sie waren, wenn auf einem Fest auch der Bürgermeister oder Graf X zugegen waren. Heute geht ein devotes Raunen durch den Raum, wenn der göttliche Haareschneider Phil geruht, ein blaues Gesöff an der Bar zu nehmen.

Der Modefriseur der späten achtziger Jahre ist männlich, jung, cool und bisweilen schwul. Er ist Engländer oder tut zumindest so, denn Franzosen und Italiener, einst liebenswürdige Platzhirsche in diesem Gewerbe, sind out. Roy und Bill lassen uns mit jeder Geste fühlen, daß wir was von ihnen wollen und nicht umgekehrt.

Da sitzen wir nun seit einer Viertelstunde mit einem Frottee-Feudel überm Kopf und wagen keinen Mucks. Wir harren der Instanz von Phil, Roy oder Bill mit ihren maßgefertigten Scheren aus Sheffield im Sämischleder-Etui. Ach, das schaurig-schöne Zittern vor dieser Schere! Jeder Psychologiestudent im ersten Semester lernt, daß Augen, Zähne und Haare eine ganz besonders narzißtisch besetzte Materie sind. Phil, Roy und Bill wissen das schon lange. Es ist ihr Kapital. Blicksuche im Spiegel: Ist ER heute gut drauf? Oder laufen zwischen uns bad vibrations, so daß er Stirn oder Nacken um jene fatalen drei Millimeter zu kurz schneiden wird, die den Unterschied zwischen Hausfrau und Femme fatale ausmachen?

Phil, Roy oder Bill braucht Musik zum Kreativsein. Noch bevor er uns herablassend begrüßt, drückt er die kieksende Cassette rein, schnippt mit den begnadeten Fingern, wiegt die Hüften in der geräumigen Flohmarkthose, die von einem 300-Mark-Gürtel gehalten wird. Bloß jetzt nicht seine Inspiration stören! Mit nassem Haar, in einem weißen OP-Kittel, als ging's uns an die Nieren statt an die Locken – da wird man mild und feige. Schließlich buhlen wir hier um unser Selbstwertgefühl der nächsten vier Wochen. Also lügen wir leichthin, genau diese Kakophonie sei unsere Lieblingsmusik, damit er uns ein Quentchen seines Chics in die Haarspitzen vermittelt.

Irgendwann ist alles vorüber, auch ein Haarschnitt für 100 Mark. Vor der Rechnung wird der Rückspiegel gereicht. In den Spiegelwänden kann man Augen brechen sehen, wie sonst nur auf den frommen Darstellungen vom heiligen Sebastian. Sooo hat man das nicht gewollt – schon gar nicht für das viele Geld. Doch dann siegt die Einsicht, daß das Bild, das der Kunde von sich selber im Herzen trägt, anscheinend auf den Friseur nicht übertragbar ist. Verstümmelt an Haar und Seele, wagt man keinen Widerspruch, weil man die Antwort kennt: «Aus Ihren Haaren kann man eben nichts anderes machen!»

Manche Frauen weinen erst mal ein Viertelstündchen, ehe sie unter der Dusche aus der 100-Mark-Frisur was Passables machen.

DIE RASANTE WANDLUNG DER VERKÄUFERIN

Über die Metamorphose des Königs Kunde zum lästigen Insekt

Hie und da gibt es sie noch, die guten alten Verkaufskanonen: Die wie Geier auf die Kundschaft zustürzen, welche sinnend ein Pullöverchen in der Hand hält und überlegt, ob sie es wirklich braucht. Die gute alte Verkaufskanone versichert einem, selten, fast nie habe sie eine Kundin gesehen, zu deren Augenfarbe dieser Pullover so hervorragend passe. Da die Kundin grad eine Sonnenbrille auf hat, ist sie vorübergehend sprachlos. Die Verkaufskanone setzt unbeirrt nach: Nein, wirklich, nur wenige könnten so was tragen... Was man nach einem zweiten Blick auf das angepriesene Modell oftmals auch nicht mehr bezweifelt.

Ganz ausgebufftes Personal der alten Schule schafft es selbst in dieser Sackgasse des Verkaufsgesprächs noch, wieselflink zur gegenteiligen Strategie überzuwechseln: «Es wird wahnsinnig gern genommen», heißt es nun und sei drum unwiderruflich das allerletzte Stück. Freilich: Die Vorstellung, so voll im Massentrend zu liegen, paßt einem eigentlich eher bei Reinigungsmitteln oder Elektrogeräten, wo man hofft, daß andere, mündigere Verbraucher als man selber, die Urteile der Stiftung Warentest gelesen und beherzigt haben.

Die Verkaufskanone spürt unser Zögern, das sich um den Geldbeutel krampft und das Geschäft zu vermasseln droht, und spielt ihren letzten Trumpf aus: «Ich trag es selber auch!» Das allein mag für sensible Kunden Grund genug sein, auf einen an sich attraktiven Artikel zu verzichten.

Die wahre Verkaufskanone, obgleich meist älteren Jahrgangs, ist übrigens keineswegs von gestern, wo es um den preistreibenden Wertewandel von «'s ist bloß Baumwolle» zu «*echt* Baumwolle» geht; von der ehemals als räudig angesehenen Zellwolle zu «100 Prozent *reiner* Viskose».

Der zu allem entschlossene Verkäufertyp, der sich in die sehnsüchtig nach der Ladentür schielende Kundschaft verbeißt wie der Jagdhund ins Karnickel, begegnet einem keineswegs nur auf Gehwohl-Schuhen im biederen Einzelhandel oder rechts und links der Kaufhaus-Rolltreppen. Auch die ganz teuren Designer-Boutiquen setzen gern auf die Frau mit der zweiten lukrativen Scheidung, den zweiten Zähnen, der zweiten Karriere als Verkaufsdrachen. Auf den Frauentyp, der weiß, daß man sich ranhalten muß, wenn man zu was kommen will; der telepathische Fähigkeiten zu besitzen scheint, was die Zahlungskraft der Kundschaft betrifft. Liebenswürdig kommt ihnen das Wort «Kindchen» über die Lippen angesichts einer gelifteten Fünfzigjährigen, und dem begleitenden Sugar-Daddy wird ein kleines Getränk sowie Seelenmassage angedient.

Trotzdem scheint's, daß der Typ des Überredungskünstlers in der Textilbranche ausstirbt und sich heutzutage eher bei Computern, Kartoffelschälern und Videorecordern breitmacht.

In den sogenannten geilen Boutiquen geht hardselling ganz anders. Nach dem Sado-Maso-Prinzip. Gewalkt wird die Klaviatur der Minderwertigkeitsgefühle. Der Kunde ist nicht König, sondern eine Zumutung. Die rituellen Begrüßungsformeln pendeln zwischen «Ich glaube nicht, daß wir in Ihrer Größe noch was haben» und «Pullover unter 200 Mark führen wir nicht».

Schon beim Eintritt in so einen Laden auf der Höhe des Zeitgeists streift uns ein Blick, so als seien wir nicht gekommen, um hier Geld zu lassen, sondern bewürben uns um eine Anstellung als Mannequin. Ein amüsierter Augenschwenk notiert unsere Jeans, die noch blue sind statt black, registriert tadelnd die C & A-Tragetüte, wo wir die billigen Kinderstrumpfhosen drin haben, um uns hier vielleicht mal ein Stück fürs Leben zu gönnen. Bei genügend Selbstbewußtsein und innerer Festigkeit wird es uns gelingen, die Verkäuferin von der Lektüre der italienischen «Vogue», dem Ausprobieren neuer Gel-Frisuren oder dem telefonischen Austausch von Szene-Klatsch abzubringen. Aber das wird man büßen müssen.

Aus was für einem Material, bitte schön, ist dieser aparte Fummel? Nichts könnte der schönen jungen Frau, die uns das Stück gähnend gereicht hat, gleichgültiger sein. Ein ganz kleines Erschrekken über diese Prüfungsfrage à la Handelskammer – ein spießiger

Werdegang, dem sie sich eh verweigert hat – weicht der Belustigung. Grad als hätten wir uns erkundigt, ob's in diesem Geschäft auch Rabattmarken gäbe.

Männer haben es beim Wunsch, sich modisch einzukleiden, gemeinhin besser. Weil anders als in der DOB-Branche hier viele Männer arbeiten, die ihresgleichen mögen. Die können über Schweizer Popeline und Kaschmir reden wie über Gänseleber-Pastete und schleppen herbei und drapieren, bis aus dem linkischsten Bankangestellten ein Saturday-Night-Fever geworden ist.

Zu gern wüßte man, was das Personal – nein, falsch; muß heißen: die personalities aus den Boutiquen, schließlich füllen ihre Porträts statt der angebotenen Waren heute die Stadtzeitschriften und Passagen-Journale – eigentlich verdient. Wieso trifft einen immer der angeekelte Blick wie auf ein niederes Kriechtier, falls man nicht bereit ist, einen Tausendmarkschein für einen hundsordinären Regenmantel rauszutun? «Was wollen Sie denn?» wies mich kürzlich eine dieser Verkaufspersönlichkeiten zurecht, blickte kurz vom Nägelfeilen auf und lieferte ein umwerfendes Argument: «Es ist doch bloß Geld…

NICHTS GEGEN LEHRER, ABER...

Über den Typ des modernen Karriere-Pädagogen

Winnie und Markus sind Lehrer. Und zwar moderne Lehrer. Keine Pauker. Nie würden sie so was Reaktionäres tun wie einem Kind Strafarbeiten aufgeben (ganz abgesehen davon, daß dies auch extra Korrektur-Aufwand bedeuten würde). Überhaupt hören sie viel lieber das Wort «Pädagoge».

Das heißt, Markus hört es nicht übertrieben gern. Er bezeichnet sich in seinem Privatleben lieber als Germanist. Beinahe Vollgermanist sogar. Es war die Enttäuschung seines Lebens, als er im fünften Semester feststellen mußte, daß der halbe Hörsaal in der Hauptvorlesung Dramaturg werden wollte. Genau wie er. Da hat er dann, die unerquickliche Vision des brotlosen Künstlers vor Augen, auf seine Eltern gehört und auf Studienrat umgesattelt. Markus geht auf die Vierzig zu, obwohl er fest davon überzeugt ist, dies durch seinen betont lässigen Kleidungsstil vertuschen zu können; andererseits war's natürlich die Gnade der frühen Geburt, daß er noch so problemlos ins hoffnungslos überfüllte Lehramt rutschen konnte.

Auch bei Winnie hat es sich mehr oder weniger so ergeben mit der Lehrerei. Wo man schon mal Abitur hat, will man schließlich auch studieren, und ihr Vater hatte gleich gesagt, daß er höchstens vier Jahre lang zahlt und dann auch nur für was Solides. Weshalb Winnie, wiewohl an der Grundschule tätig, wirklich nicht so ein süßlich-sentimentaler Typ ist wie aus alten Ruth-Leuwerik-Filmen, der ins Lehramt drängelt, weil er angeblich kleine Kinder so gern hat.

Wie jemand die Spezies Kinder als solche und in der Mehrzahl gern haben kann, ist Winnie und Markus insgeheim schleierhaft.

Markus kriegt jedesmal Migräne, wenn seine Schwester mit den Gören zu Besuch kommt, obwohl er seine Erstausgaben schon vorher außer Reichweite gestellt hat.

Und daß Winnie sich bei der Klassen-Zuteilung immer nach den ABC-Schützen drängelt, hat wahrlich nichts mit einem unterdrückten Kinderwunsch zu tun, wie manche ihrer naiven Kollegen glauben. Winnie ist eigentlich kein bißchen scharf darauf, neben dem ewigen Fufu und Fifi auch noch Schuhbänder zu richten oder nachzusehen, ob die auf dem Klo auch gezogen haben. Aber bei Schulanfängern entfällt für eine Frau von Intelligenz eben erfreulicherweise die Unterrichtsvorbereitung sowie das lästige Aufsatz-Korrigieren, und so hat Winnie, die gern Künstlerin geworden wäre, am Nachmittag genügend Zeit für ihre aparten Seidenpapier-Collagen.

Markus und Winnie haben ihren Beruf ergriffen rein aus gesellschaftspolitischen Gründen. So antworten sie kurz und knapp, wenn einer fragt, den sie noch nicht so gut kennen. Unter Freunden geben sie bereitwillig scherzend gleich drei Gründe für ihre Berufswahl an: Sommerferien, Weihnachtsferien, Osterferien.

Doch zurück zum gesellschaftspolitischen Engagement. Was bewegen in Richtung Chancengleichheit, verstehst du? Mithebeln an einer besseren schulischen Zukunft ohne diesen Elite-Scheiß, claro?

Markus hat es schon bis zum Konrektor geschafft und zum stellvertretenden Schriftführer in der örtlichen GEW; daneben hat er einen Lehrauftrag für Erwachsenenbildung. Insofern ist er aus dem Gröbsten und hat den Kopf frei für Maßgebliches, da er sich nur noch acht Stunden die Woche unterrichtsmäßig mit Schülern abgeben muß.

Winnie ist ebenfalls sehr engagiert. Zum Beispiel in der feministischen Arbeitsgruppe zur kritischen Sichtung von Lehrbuchinhalten. Daß es immer noch Lesebuchgeschichten gibt, die den Vater als Ernährer der Familie hinstellen und die Mutter am Herd, als verfügbare Hausfrau, das ist wirklich ein Skandal. Da kann Winnie richtig laut und energisch werden. Drum empfindet sie es als geradezu unverschämt, wenn ihr jemand vorwirft, keine Rücksicht auf berufstätige Mütter zu nehmen, bloß weil sie ihre Klasse manchmal eine Stunde früher nach Hause schickt. Bloß weil mal drei Unterrichtstage ausfallen, weil Winnie dringend zu einem Bastel-Fortbildungslehrgang muß oder zu einem Skikurs für Lehrer mit Nebenfach Sport. Also, das ist doch nicht ihr Privatvergnügen, sondern das System!

Und überhaupt müssen Eltern eben bißchen flexibler sein; das geht, schließlich kennt Winnie im Kollegenkreis genügend Ehepaare, die sich in der Kinderbetreuung abwechseln. Ja, Lehrer; aber das mit dem freien Nachmittag möchte Winnie nicht gehört haben, schließlich geht daheim am Schreibtisch die Arbeit unvermindert weiter.

«Ich sag's ja immer», sagt Markus immer, und Winnie pflichtet ihm seufzend bei, «die Schüler sind schon schwer auszuhalten, aber das Schlimmste sind die Eltern.»

Kommt doch neulich so eine Mutter in die Sprechstunde und fragt, ob das sein müsse, diese Lose-Blätter-Wirtschaft im Schulranzen, all die eselsohrigen Zettel und das gähnend leere Aufgabenheft. Was will die überhaupt? Deren Sohn kommt doch gut mit im Unterricht, soll der Lehrer ihn etwa auch noch erziehen? Na, der hat man aber Bescheid gestoßen, ihr erst mal paar Takte über die Zusammenhänge zwischen preußischem Ordnungsfimmel und Analfixierung erzählt.

Oder dieser Über-Vater, der wohl in seinem Beruf nicht richtig ausgelastet ist und so dämliche Vorschläge macht wie ein Süßigkeitenverbot in der Schule, wie's die Schweden haben. Du liebe Güte, bei ihrem Gehalt kann man doch von Winnie wohl nicht erwarten, auch noch Karies-Prophylaxe zu machen!

Abgesehen von den lästigen Eltern gibt's leider auch noch die tippelschisserigen Kollegen alten Schlages wie den lachhaften Idealisten P., der selbst total verratzte Arbeiten bis zur letzten Zeile durchkorrigiert und mit Verbesserungsvorschlägen vollkritzelt. Wo es doch reicht, wenn man die zwanzig Fehler anstreicht, die für eine Sechs genügen.

Oder wie die K., die sich wohl mangels Privatlebens nicht entblödet, in ihren Ferien Theaterstücke für ihre Klasse zu schreiben. Hat die doch neulich moniert, daß die jüngeren Kollegen Zuspätkommen nicht mehr rügen und die Schüler während des Unterrichts essen oder Cola trinken lassen. Ja, soll die sich doch mit denen absabbeln, wenn sie Lust hat!

Darauf hat die K. was gemurmelt von Triebaufschub einüben, weil später im Berufsleben... aber da hat ihr Markus souverän das

Wort abgeschnitten und ihr erst mal klargemacht, daß so Sprüche wie fürs Leben lernen heute nicht mehr laufen; da lachen ja die Hühner.

Jawohl, Markus und Winnie bezeichnen sich mit Stolz als linke Lehrer, aber die Erziehung in puncto Manieren ist doch wohl Elternsache, wir sind hier schließlich nicht in der DDR. Markus und Winnie sehen zu, daß sie mit ihrem Lehrplan durchkommen, und damit basta.

Und was Vorbilder angeht – in sich natürlich ein fragwürdiger Begriff –, so ist als Vorbild wohl niemand besser geeignet als Winnie und Markus, die sich nämlich von ihrem Beruf nicht auffressen lassen.

HOFFART IN WEISS

Über Ärzte und ihre Gehilfinnen

Dieser Artikel fällt mir schwer. Es könnte ja sein, daß ich morgen krank werde – und was dann? Bestimmt werden auch wieder viele Ärzte den STERN abbestellen, wie sie das immer tun, wenn dies Blatt was Kritisches über Mediziner schreibt. Sie sind dann der Meinung, dies ginge ihre Patienten nichts an.

Bestimmt werden sich auch viele meiner Leser erbosen, weil Ärzte hierzulande nun mal ein phänomenales Sozialprestige haben (ganz im Gegensatz zu Journalisten).

Die andere Hälfte meiner Leser und Freunde (darunter auch Ärzte) wird sich entrüsten über das Bild vom eitlen Doktor, dem sie nicht gleichen und zu «so einem» sie auch nie gehen würden.

Trotzdem muß ich das Folgende mal loswerden, denn man soll ja auch nach Ärztemeinung seinen Ärger nicht runterschlucken, das gibt sonst bloß Magengeschwüre.

Ich finde, der durchschnittliche deutsche Arzt führt sich auf wie ein Feudalherr und hat auch sonst eine Menge Unarten. Zum Beispiel hält er seine Zeit grundsätzlich für kostbarer als die unsrige. Heißt, daß wir im Wartezimmer unbegrenzt schmoren dürfen, doch uns im Sprechzimmer bitte kurz fassen sollen. Nun sind wir hier nicht gerade in Indien, sondern zumindest in den deutschen Großstädten gibt es inzwischen so viele niedergelassene Ärzte, daß die sich schon selber Sorgen machen um ihre Pfründe. Nur hat das merkwürdigerweise wenig geändert an der vorherrschenden ärztlichen Attitüde, den «Patientenstamm» oder das «Krankengut» mit Furcht und Schrecken und der Fuchtel der Überheblichkeit zu domptieren.

Ja, sicher: Der fortschrittliche Arzt hat (vermutlich auf Kosten einer Pharma-Firma; Gattinnen durften mit) inzwischen ein Wochenendseminar in landschaftlich reizvoller Gegend besucht und dabei viel über Praxis-Organisation gelernt. Seither gibt er Terminkärtchen aus. Mit dem schriftlichen Hinweis, daß bei Nichterscheinen oder Verspätung Kosten in Rechnung gestellt werden. Klingt einsehbar – doch wo kassieren wir unseren Verdienstausfall, wenn Herr Professor uns trotz wochenlanger Vorbestellung für 14.30 Uhr über eine Stunde warten lassen? Ein Notfall war's, was sonst, was unseren Helfer und Heiler aufgehalten hat. Wir überlegen unfein, ob der Notfall blond ist, denn grad sahen wir Doktors BMW mit dem Sylt-Aufkleber noch vor der Sushi-Bar. Und wenn nicht, dann hat unsere erzwungene Wartezeit womöglich was mit der unbeschrifteten Tür zu tun, hinter der die Privatpatienten warten.

Diese Vermutung hält die Sprechstundenhelferin für unverschämt. Überhaupt bedenkt sie uns schon mit einem giftigen Blick ob der Dreistigkeit, daß wir's wagten, unaufgefordert unseren knarzigen Stuhl im Wartezimmer zu verlassen und sie mit nichtswürdigen Fragen zu behelligen. Arzthelferinnen scheinen überhaupt bevorzugte Berufschancen zu haben, wenn sie in Sauertöpfischkeit und Schnippischkeit mit Eins abgeschlossen haben.

Lebenserfahrene Freunde halten dies Lamento für blöd und mich für Michael Kohlhaas' Nachfolgerin. Sie können nicht kapieren, wieso ich mir im Bedarfsfall nicht prima Behandlung in der Praxis verschaffe, indem ich den gestärkten Schrankenwärterinnen an der Schwelle zum Arztzimmer dann und wann ein Fläschchen Cognac oder Parfum vorbeibringe. Dann würde mir vielleicht auch die nächste Ärzte-Anekdote unbekannt sein: Kein Schüler, der seine Hausaufgaben nicht gemacht hat, wird vom Lehrer heutzutage derart zusammengestaucht wie der schmerzgekrümmte Patient, der seinen Krankenschein nicht eingesteckt hat. Diese urdeutsche Ärztepraxis (im zivilisierten Ausland unbekannt) hat auch aus ansonsten couragierten Bundesbürgern längst unterwürfig dressierte Meerschweinchen gemacht. Wortreich entschuldigen sie sich, schwören, daß es nie mehr vorkommen soll... Anstatt sich und den weißbekittelten Vorzimmerdrachen mal zu fragen, in welcher Branche außer der Prostitution und der Medizin es eigentlich üblich sei, daß der Kunde erst mal seine Zahlungsfähigkeit beweisen muß, ehe man sich überhaupt mit ihm befaßt. Verwandte Dienstleister wie Fußpfleger, Anwälte, Masseure, Steuerberater lassen sich ja auch nicht erst unser Portemonnaie zeigen, ehe sie sich unsere Wehwehchen anhören.

Eine weitere Sitte, bei der der nachdenkliche Patient grübelt, ob es sich um Gedankenlosigkeit, Hoffart oder gezielte Manipulation handelt, sind die Ärztebriefe. Schickt uns die Kapazität A zur Weiterbehandlung an den Kollegen B, so benutzt er uns gern als unbezahlten Kurier. Wir sollen den Befund hintragen, aber der Brief ist verschlossen. Obwohl es ausschließlich um unseren Thorax, Blutspiegel, Hirnstrom geht. Warum sind diese Umschläge zugeklebt? Haben die Ärzte Angst, daß wir sonst Fettflecke, Eselsohren oder unzüchtige Graffitti drauf machen? Oder was? Daß wir den Inhalt mißverstehen? Ja, warum erklärt er es uns dann nicht?

Feierlich wie Meßdiener tragen die meisten Deutschen ihre Arztbriefe weiter. Hangend und bangend in schwebender Pein. Als Schicksalsboten in eigener Sache befördern sie ihre innersten Laborwerte und fragen sich, warum die Sache so geheimnisvoll behandelt werden muß, statt selber mal einen Blick zu riskieren.

Steht es so schlimm um einen, daß man die Wahrheit nicht erfahren soll? Oder denkt der Arzt bloß, daß wir seinem gestammelten Kleinen Latinum nicht das Wasser reichen können?

Ärzte erinnern mich auch häufig an Modefriseure. In beiden Berufssparten scheint man davon auszugehen, daß der zeitgenössische Mensch nichts lieber tut als seinem Arbeitgeber die Zeit zu stehlen (mal unter Vorwand, mal auf Krankenschein), um sie schadenfroh in irgendwelchen Wartezimmern zu verbringen und in abgegrabbelten Lesezirkel-Mappen zu blättern. Der wesentliche Unterschied zwischen Friseur und Doktor besteht im Komfort des Wartens. Während die meisten Figaros ihr Bestes geben – elegantes Mobiliar, Parfumduft, französische Hochglanz-Postillen, Palmen, Gratis-Kaffee etc. –, sind die Wartezimmer von Ärzten häufig von betörender Scheußlichkeit.

Jeder Hobby-Detektiv und Freizeit-Psychologe kann sich ein paar schöne Stunden machen (die Zeit gibt man ihm gern) in den Vorhöfen der Mediziner mit dem fünfstelligen Monatseinkommen. Aha, der Herr Professor ist Jäger, deswegen liegen hier die Stapel «Wild und Hund» von 1978 statt aktueller Zeitschriften. Den verfleckten Polsterstühlen ist ihre Eßzimmer-Vergangenheit bei Doktors noch gut anzusehen. Und die trauliche Troddel-Lampe hat wohl einst das Schlafzimmer unseres Zahnarzts und seiner Erstfrau beschienen. Aus ihrer Ära dürfte auch das verhungerte Schleiflack-Kommödchen stammen, das einen verblüffenden Kontrast zur geschnitzten Bauerntruhe bildet, und den Segeltuch-Stühlen, die selbst Doktors Kinder inzwischen nicht mehr haben wollen. Beim vertrockneten Ikebana-Kunstwerk mag es sich um ein ungeliebtes Schwiegermutter-Geschenk handeln, beim Plüschperser um die nackte Sparsamkeit: Er verdeckt akkurat die kahlgewetzte Stelle auf dem schleimgrauen Nadelfilzboden, die wir von unserem letzten Besuch her noch in Erinnerung haben. Man braucht nicht das Zweite Gesicht zu haben oder sonst was Behandlungsbedürftiges, sondern bloß ein bißchen Phantasie: Schon hört man die Gattin des Arztes im Geiste beim Frühjahrsputz zirpen: «Eigentlich zu schade zum Wegwerfen… Aber weißt du was? Das stellen wir in die Praxis!»

KOTAU VOR DEN KÖCHEN

Über masochistische Erlebnisse in feinen Lokalen

Der Kotau ist ein chinesisches Lehnwort, was aber kaum ein Mensch weiß. Vielmehr kann man mit dieser Behauptung ganz leicht Wetten gewinnen, weil die halbe Welt überzeugt ist, Kotau könne nur was Deutsches sein.

Gerechterweise muß man sagen: Die Unterwürfigkeit der Deutschen gegenüber Autoritäten – «Jawohl, Herr Wachtmeister», ein unerläßliches Element der Trivialliteratur in allen Kultursprachen – hat ein bißchen nachgelassen neuerdings, wo man sein Zuspätkommen auf einer Party schicker mit dem Besuch einer Demo als einer Premiere erklärt. Aber der Kotau scheint ein so tiefes deutsches Wesensbedürfnis zu sein, daß er dafür genauso kratzfüßig in Erscheinung tritt bei der freiwilligen Unterwerfung unter angemaßte, vermutete oder schlichtweg falsche Autoritäten.

Die modernen Eminenzen kommen ganz in Weiß daher; des Kaisers neue Kleider tragen jetzt die Köche. Früher mal hat der Gast den Koch beurteilt. Heute zensiert der Koch die Gäste. Manche bestehen die Aufnahmeprüfung in sein Modelokal gar nicht erst: «Alles reserviert, mein Herr...» Manche läßt er kaltlächelnd sitzenbleiben. Manche kriegen eine Eins mit Stern, sprich Küßchen rechts und links auf die Wange. Es soll hier kein Standesdünkel verbreitet werden, aber unsere Vorfahren hätten sich derlei energisch verbeten, selbst wenn's Escoffier persönlich gewesen wäre statt eines reichgewordenen Commis im Schweiße seiner hohen Haube.

Wir aber drängeln uns in sein Lokal, fressen klaglos eine Stunde lang trocken Brot und lauern masochistisch auf ein bißchen Wahrnehmung von IHM. Wie Paris den Apfel, vergibt der Koch die letzte hochbegehrte Portion Kutteln in Champagner. Leider nicht an uns.

Irgendwas müssen wir falsch gemacht haben. Vielleicht hätten wir unseren Vetter aus Nürnberg nicht mitbringen sollen, der beim Studium der Weinkarte arglos den Unterschied zwischen Pouilly und Brouilly erfragte. Vielleicht ist ER sauer, daß wir dreist Leber bestellt haben, obwohl ER doch gerade Wachtel-Wochen zelebriert? Ach, es gibt so viele Fettnäpfchen, in die man treten kann, seit Köche nicht mehr dem Handwerk, sondern den freischaffenden Künstlern zugerechnet werden. Früher neigten sie zu Plattfüßen, heute zu Neurosen... Es war wohl wirklich nicht richtig von Gerda, bei der müden Kerbelsuppe um Herausgabe des Salzfasses zu bitten. Dieses steht absichtlich nicht auf dem Tisch, denn der Koch allein weiß, was uns wie zu schmecken hat. Schließlich zahlen wir hier für unsere kulinarische Erziehung, nicht für schnöde persönliche Gaumenfreude. Das Salzfaß wird schließlich vom vorwurfsvollen Kellner aus der verschlossenen Anrichte geholt; der umständliche Vorgang weckt das Interesse der Nebentische an den Barbaren, die sich ins Lokal verirrt haben. Nein, nicht Lokal – «Gourmet-Tempel» heißt es ja jetzt.

Auch Norbert hätte seinen Mut-Anfall lieber unterdrücken sollen. Mit eisiger Verachtung wird ihm der Fischteller vorgesetzt, weil er lieber eine Pellkartoffel haben wollte statt die «Quenelles von Grünkern, nappiert mit Schneckeneiern».

Wir sind enttarnt. Wir sind alle kleine Sünderlein und würzen daheim noch gelegentlich mit Maggi. Wir haben auch noch eine Ketchup-Flasche stehen – aber, Ehrenwort, nur für die Kinder!

Man muß auch die andere Seite verstehen. Seit auf den Köchen nicht mehr nur die Zubereitung von Speisen lastet, sondern auch die gesellschaftliche Verantwortung, daß in seinem Restaurant immer «Olala» herrscht, beten die Köche allabendlich zur Nacht wie die Chefs von Boulevardzeitungen um «die richtige Mischung». 50 Prozent Seriöses sollen sein, 20 bis 30 Prozent Stamm und zur Garnitur bißchen was Ausgeflipptes. Die Großbusige auf Seite drei oder an Tisch drei. Das bringt's. Das Ambiente. Den Umsatz.

Wegen des Ambiente, wollen mal ehrlich sein, löffeln auch wir mit liebedienerischem Lächeln die eigenartigsten Sachen, und am ehrlichsten beim Schluß-Kotau ist noch die Versicherung, daß alles so leicht im Magen liegt. Und das Ambiente war wieder mal toll.

Früher mal waren wir bißchen geniert, wenn der Chef der Firma, dessen Gehalt wir hier teilweise verfraßen, im selben Restaurant saß wie wir. Auch etwas geschmeichelt, wenn er eine grüßende Augenbraue riskierte – verwundert darüber, daß wir uns die gleichen Lokale leisten konnten wie er. Heute grüßt unsereins den Chef nur sparsam; der in seinem Tuchanzug macht uns womöglich unser swingendes Image beim Koch kaputt.

Manchmal haben wir schlecht gegessen, schlecht getrunken, schlecht gesessen und gehen doch glücklich von dannen. Denn ER hat sich zum Espresso mit seiner Kochmütze zu uns gesetzt, über die unmöglichen Gäste geplaudert, und alle haben es gesehen. Wir sind wieder wer.

HIER WIRBT DER CHEF

Über das heiße Bemühen von Firmeneignern, sich selbst als besten Kunden darzustellen

Eine Strukturkrise beutelt die schönsten Menschen im Lande. Fotomodelle müssen um ihr Recht auf Arbeit bangen. Aber nicht der Moloch Maschine macht ihnen den Job streitig, sondern der Chef selbst. Herr Darboven persönlich empfiehlt seinen Schonkaffee. Frau Sander leibhaftig lächelt sparsam für ihre teuren Parfüms. Monsieur Hennessy ist in allen Anzeigen selbst sein bester Kunde.

Seit Erfindung der Reklame war es Brauch, daß ein Unternehmer die süßesten Kinder, die markigsten Männer, die betörendsten Frauen engagierte, um seine Produkte loszuschlagen. «Schönheit verkauft sich besser» hieß die Binsenweisheit, aus der Vance Pakkard später den gleichnamigen Bestseller strickte. Aus und vorbei. Ein neuer Trend setzt uns den Fabrikanten pur vor. Warum?

Möglichkeit Nummer eins: Er sieht in den Spiegel und findet sich unwiderstehlich. Diese Selbsteinschätzung mag man der Hamburger Kaschmir & Kosmetik-Queen Jil Sander noch durchgehen lassen. Auch Herr Louisoder aus München bekäme, so wie er aussieht, jederzeit eine Playboy-Rolle in einem Tatort-Film. Daß er sich aber offensichtlich für fotogener hielt als die von ihm hergestellte Ralph-Mode, gab einem dann doch zu denken. So ist der smarte Ralph Louisoder pleite gegangen.

Möglichkeit Nummer zwei: Der Chef sieht in den Spiegel und beschließt, den Mitleidsbonus auszunützen so wie der Verkäufer von Blindenseife an der Haustür. Das könnte in der Sache Hennessy zutreffen: Gilles Hennessy verkörpert die volkstümliche Überzeugung, daß Geld allein nicht glücklich macht. Ewig im Smoking, dauernd in kostspieligen Lokalen, umgeben von beautiful people – und doch ein armer Kerl. Denn nie spricht ihn einer als Mensch und Mann an, immer reden sie nur vom Geschäft, nämlich wie gut sein Cognac ist. Jeder deutsche Klempner wäre traurig, wenn ihn auf Parties die schönsten Frauen stets nur auf die Qualität seiner Dachrinnen ansprächen.

Aufs Erbarmen setzte vor Hennessy schon sein Landsmann Yves Saint Laurent. Um seine Duftwässer zu verkaufen, ließ er sich nackt und bloß wie's Kindlein in der Krippen fotografieren; sich fröstelnd selbst umarmend. Ein Anblick, bei dem sich Bemutterungsinstinkte so jäh regten wie feministische Patronage: Diesen bibbernden Softie galt es durch Sympathiekäufe zu stärken.

Möglichkeit Nummer drei: Der Chef sieht in den Spiegel und sieht nichts Besonderes. Aber die Mitarbeiter aus der Werbeabteilung bitten ihn inständig, seinen Kopf für die Firma hinzuhalten. Das mag vordergründig auf ein speichelleckerisches Betriebsklima deuten. Aber hintergründig haben sich die Berater natürlich viel mehr dabei gedacht. Glaubwürdigkeit heißt der moderne Schlachtruf im Kampf der Werbung um die Kundschaft. Vielleicht regen sich beim Anzeigen-Leser allmählich leise Zweifel an den Zeugenaussagen jener Luxusgeschöpfe, die nur Wasser und eine wohlfeile Seife an ihre Haut lassen.

Auch daß millionenschwere Fußballstars statt Filetsteak lieber Beutelsuppe essen, konnten manche Leute nicht recht verstehen. Das «Testimonial», eine tragende Säule der modernen Werbung, gerät in den Ruch des hochbezahlten Meineids. Wie kann das bröckelnde Vertrauen abgefangen werden? Der Chef muß selber ran! Daß Gilles Hennessy keinen Scharlachberg trinkt, glaubt man so mühelos wie daß Jil Sander sich nicht heimlich mit «Soir de Paris» benetzt oder Polospieler Darboven sich etwa in Tchibo-Stehausschänken herumdrückt. Eins zu null für die Werbeagenturen.

Möglichkeit Nummer vier: Der Chef sieht in den Spiegel, und was er sieht, mag er nicht vorzeigen. Andererseits mag er sich den Argumenten seiner Werbeberater nicht verschließen. Da schlägt dann die Stunde der leitenden Angestellten. Gewisse Produkte – Registrierkassen, Computer, Pumpen und Geldinstitute – müssen heutzutage menschelnd beworben werden, um die Kulturpessimisten Lügen zu strafen, die an der Unternehmensspitze längst einen Roboter vermuten.

Für Versicherungen und Bausparkassen ist das Heer der Bezirksvertreter im Anzeigen-Einsatz. Zahnregulierte Herren (auf Kosten des Werbeetats, wollen wir hoffen), mit grauen Schläfen verbreiten Onkel-Doktor-Vertrauen in Vermögensfragen. Und das Schönste kommt noch: So wie der gute alte Landarzt macht der moderne Versicherungs-Smartie auch gar zu gerne Hausbesuche. Steht in der Anzeige.

LEIB & SEELE

WIR SONNENKINDER

Über ein irrationales Moment der weißen Rasse

Mit dem Braunwerden ist es wie mit dem Reichwerden. Einigen fällt es leicht. Aber die meisten strampeln sich zeitlebens vergeblich danach ab und geben nie zu, daß sie es partout werden wollen. Den besten Freunden rät man dringlich davon ab: Es ist der Gesundheit abträglich, macht alt und ist als Zeitvertreib eines intellektuellen Menschen unwürdig.

Weil wir alles, was man selbst erfolglos anstrebt, bei anderen schwer ertragen, ist unser Verhältnis zu brauneren Menschen höchst unlogisch und gespalten. Entgegen allen medizinischen Fakten gilt Bräune als Symbol für Erfolg und Gesundheit. Andererseits riecht Bräune auch nach Müßiggang und Parasitentum und fördert die üble Nachrede. Warum ist der Mensch in den weißen Shorts schon jetzt so nahtlos braun? Das muß ein Zuhälter oder Student sein. Die haben Zeit, den ganzen Tag im Solarium zu liegen.

Anders als Geld ist Bräune ein relativ junges Statussymbol. Bis zum Ende des Ersten Weltkrieges war braune Haut eine Berufskrankheit, die sich der schuftende Bauer auf dem Felde zuzog. Bessere Leute pflegten ihre Blässe unter Sonnenschirmen und eiferten dem Schönheitsideal von Marmorleib, Porzellanteint, Alabasterflanken nach, wie es in der Literatur verherrlicht wurde.

Erst in den zwanziger Jahren kamen zwei schweißtreibende Moden auf, die feine Menschen nie zuvor freiwillig gepflegt hatten: Sport und Bräune für jedermann.

Bräune ist seither sexy, freilich nicht jede. Sie hat feine gesellschaftliche Nuancen, wie man in jedem Freibad sehen kann: Am niedrigsten steht die sogenannte Bauarbeiter-Bräune, bei der sich ein Vollachsel-Unterhemd-Umriß blendend weiß vom sonnengegerbten Oberkörper abzeichnet.

Die Tanten-Bräune weist ein gerötetes V vom Hemdblusenausschnitt auf, sommersprossige Unterarme sowie leicht getönte Beine mit totenbleichen Füßen. Was von den herabgerollten Strümpfen kommt.

Die Kleingärtner-Bräune zeichnet sich durch einen krebsroten Rücken und verbrannte Kniekehlen aus. Während die Vorderseite beim ewigen Jäten so weiß wie ein Engerling bleibt.

Als Status-Symbol taugt allein die gleichmäßige Bräune – und die ist auf dem menschlichen Körper so schwer zu erringen wie auf der Weihnachtsgans. Wie beim Geflügel verbrennen Brust und Bürzel nur allzuleicht, während die Innenseite der Schenkel nur schwer Farbe kriegt. Wo doch gerade dies nicht allzu feste Fleisch etwas knuspriger werden soll. Hier wie da muß der Idealfarbe mit Hausmitteln nachgeholfen werden: Wie beim Gänsebraten schwören zum Beispiel manche Leute auf das Benetzen mit Salzwasser.

Nach 1945 war bei den jungen Trümmerfrauen ein Mittel namens Beinbraun in Mode: Ergänzt durch eine mit Augenbrauenstift gemalte Naht, täuschte es die unerschwinglichen Nylons vor.

In den fünfziger Jahren hat uns die Sehnsucht nach Bräune das unvergessene Tam lo beschert. Tam lo klang vage nach Südsee und färbte Großteile der Bevölkerung so gelb wie Hepatitis-Patienten.

Unterdes hat das Bräune-Fieber auch erstaunliche Apparaturen hervorgebracht. Sonnenbrillen mit Läppchen zum Schutz vor Krähenfüßen und Pellkartoffelnase; Aluminiumgarotten, die man sich um den Hals legt als Sonnenkollektor.

Weil wir neben der Bräunungsgier aber inzwischen auch den Trend «Zurück zur Natur» haben, witterte die Chemie-Branche ein neues Geschäft. Sie bietet längst Grillzutaten für jeden Bedarf: Sonnencremes, gestaffelt von Faktor Null (schützt vor nichts) bis Faktor 16 (total eclipse, sprich Sonnenfinsternis).

Warum der leicht brennbare deutsche Mensch nicht einfach im kühlen Zimmer bleibt, ein gutes Buch liest und andere braun werden läßt? Die Antwort lautet: Der Mehlwurm wird als Sonderling abgestempelt in unserer bräunegeilen Society.

Außerdem ist die Bitte um Auftragen des Sonnenöls auf den empfindlichen Rücken eine viel modernere Anbandlungsmethode als die Einladung zur Besichtigung der Briefmarkensammlung.

BIERBAUCH IM RALLYE-STREIF

Über vorgetäuschte Sportlichkeit oder die unselige Liebe zu Freizeitkleidung

Gegen Jogger hege ich keine unschönen Gefühle. Höchstens schau ich ihnen manchmal bißchen neidisch nach. Weil die so erfolgreich sind in der Dressur des inneren Schweinehundes, diesem verbreitetsten, störrischsten und zählebigsten aller Haustiere.

Jogging-Anzüge hingegen ekeln mich allmählich an. Besonders jene, die nicht im Morgengrauen oder der gnädigen Dämmerung im Park ausgeführt werden, sondern am hellichten Tag in der Innenstadt. Und das werden täglich ein paar Tausend mehr.

Samstags an der Kasse des Supermarkts sieht man sich umstellt von nicht immer gutgewachsenen Herren in Trikotagen, welche noch die muffige Pfühl-Wärme eines Schlafanzuges auszustrahlen scheinen. Gegen die Verwechslung mit dem Nachtgewand ist der Jogging-Anzug oft mit Emblemen irgendwelcher amerikanischer Sportvereine bedruckt, in denen der Träger, so wie er aussieht, garantiert nie Mitglied war. Als Grundfarbe ist das melierte Grau von Behörden-Klopapier sehr en vogue sowie Neonfarben aller Art; vielleicht mit einer verwaschen grinsenden Mickey Mouse auf dem Rücken. Weil bei der 60-Grad-Wäsche das Bundgummi leidet, sieht sich der Träger häufig zum Hüftwackeln mit Rettungsgriff an das Beuteltier von Hose gezwungen. Besonders, wenn es Kleingeld in der auf Kniehöhe herabgesackten Tasche zu suchen gilt. Die Hosentasche ist leider nicht das einzige, was nicht an seinem Platz ist. Jogging-Anzüge bestehen aus einem mitleidlosen Material, unter dem sich das hängende Gemächte abzeichnet wie auf den böseren Bildern von Dix oder Kubin.

Was haben sich die guten Deutschen noch vor ein paar Jahren lustig gemacht über die Amis in ihren großkarierten Bermuda-

Shorts und großgeblümten Hawaiihemden (nach denen man heute selber die Boutiquen abhechelt)! Welche Mißbilligung liegt in den Reiseberichten aus romanischen Ländern, wo die Hausfrau in Lokkenwicklern und Morgenrock beim Brotholen angetroffen wurde! Alles vergessen. Ach, trügen doch manche Kritiker einen adretten Morgenrock statt dieser schlabbrigen, wüllernden, ausgeleierten Trainingsanzüge! Aber nein. In der Freizeit gehört Papa seiner Familie und sein wie immer geformter Leib entspannt im Jersey. Die Rallyestreifen an Hose, Ärmel oder Schuh stehen leider häufig in krassem Widerspruch zur nicht vorhandenen Stromlinie der Figur. Denn das Tragen von Sportkleidung ist allzu oft eine Ersatzhandlung fürs Sporttreiben. Sorry, aber selbst die teuren Nike-Turnschuhe lassen mich bei den meisten Trägern eher einen Hang zu Hühneraugen vermuten als unbezähmbare Sportlichkeit.

So wie Autos mit Spoiler und Sportfelgen vielfach nur für die Fahrt ins Büro oder zum Zigarettenholen benötigt werden, legt der Sportler im Geiste auch großen Wert auf das Tuning seiner Garderobe durch allerhand Abzeichen und Aufschriften. Während Berufssportler die Namen ihrer Sponsoren auf dem Leibchen tragen, weil sie dafür bezahlt werden, löhnt der Sportschau-Athlet auf dem Sofa den Hersteller noch extra, damit er mit dessen Reklame rumlaufen darf. (Tiefenpsychologisch interessant wär's, mal zu ergründen, warum die bunten Polohemden mit der Aufschrift «Boss» besonders in der wachsenden Angestellten-Society so beliebt sind.)

Freizeitkleidung aller Art hat hierzulande schon immer mit Stützungskäufen aus weiten Teilen der Bevölkerung rechnen dürfen; vom Jägerhütchen bis zur Kneipp-Sandale. Nähert sich der deutsche Bildungsreisende einem Tempel, so gebietet ihm die Ehrfurcht zwar eine Krawatte, und die Kamera ist umgehängt wie eine Bürgermeisterkette, doch drüber knautscht die beige Windjacke mit Ventilationsnieten unterm Arm. Safari-Anzüge mit Koppelschloß und vielen Taschen für Kompaß, Elefanten-Munition und Malariatabletten sind und waren besonders beliebt bei Leuten, die freiwillig nie den Schwarzbrot-und-Blutwurst-Äquator bei Ruhpolding überschritten haben.

Deren Kinder, die Ibiza-Generation, sind natürlich viel kosmopolitischer und schämen sich der zugeknöpften, fehlfarbenen Alten. Die Söhne stehen auf buntglänzende Boxershorts beim Stadtbummel im Süden oder an den Hundstagen daheim. Dabei wähnen sie sich den berühmten Latin Lovers täuschend ähnlich, übersehen jedoch, daß sie sich ihre Glanzhöschen-Vorbilder in aller Unschuld wahrscheinlich unter den Südländern gewählt haben, deren Rennstrecke der Strich ist.

Fairerweise muß man sagen: Wer am Oberkörper nichts als Bräune, Brustfell, Kettchen und Massageöl trägt, kann sich diese Zurschaustellung im allgemeinen leisten. Sie wurde wohl oft genug vor den Spiegeln im Fitness-Center geprobt. Trotzdem wird man der Halbnackten im Stadtbild nicht recht froh. Die deutschen Hygienegesetze sind streng. Das Personal in lebensmittelverarbeitenden Betrieben muß sich regelmäßig den intimsten Kontrollen unterziehen. Gegen kleckernde Eistüten ist in jedem Warenhaus ein Verbotsschild an der Tü. Aber wer schützt uns vor dem barfüßigen Macho mit dem öligen Bizeps und dem tropfenden Schweißband?

REIZWORT: DIÄT

Über den schwierigen Umgang mit Leuten vor, während und nach einer Schlankheitskur

Rar sind die Dicken, die ihre Polster mit Würde, Heiterkeit und kindlicher Unschuld in Kalorienfragen tragen. Sie lassen sich ohne höflichen Widerspruch stets den bequemsten Sessel aufdrängen. Nicht aus Eigennutz, sondern weil ihr majestätischer Leib zierlicheres Mobiliar ernsthaft in Gefahr brächte. Sie lehnen keine Speise ab, die gut und mächtig ist, und verwenden Margarine höchstens zum Einfetten knarzender Türen.

Doch sie werden immer weniger, diese ausgewogenen Dicken. Selbst wer sich Jahre oder Jahrzehnte nicht ins Korsett der modischen Schlankheit schnüren ließ, die Trimm-dich-Welle belustigt an sich vorüberplätschern ließ und genüßlich weiterfraß, unterliegt allmählich aufgeschreckt den ärztlichen Warnungen vor Cholesterin und dessen Attacken aufs Herz.

Was von den gemütlichen Dicken blieb, sind jammernde Vollschlanke und hysterische Neuschlanke, die von der beständigen Sorge umgetrieben werden, wieder ein Kilo zuzunehmen.

Mit Schlankheitskuren ist es nämlich folgendermaßen: Es gibt in den westlichen Wohlstandsnationen hauptsächlich Leute, die nie welche machen, und solche, die dauernd mit Weizenkleie und Grapefruit zugange sind. Richtig, das heißt gar nichts, weil in beiden Fällen gelogen wird, daß sich die Zeiger der Badezimmerwaage biegen. In beiden Fällen ist man auf Treu und Glauben angewiesen, da der Augenschein trügt. Unter den Dauer-Diätlern sind sowohl Kugelrunde wie Rappeldürre zu finden. Dies physikalische Wunder ist nur damit zu erklären, daß das Wort Diät ein magisches ist und ebensogern in den Mund genommen wird wie eine Praline. Frauenzeitschriften und bunte Blätter mit Auflagensorgen brauchen bloß einen angeblich neuen Abnehm-Trick auf den Titel zu hieven, und schon nehmen die Verkaufszahlen zu.

Kommen wir zurück zu den Leuten, die angeblich nie Schlankheitskuren nötig haben. Es soll sie ja geben, die Naturschlanken mit dem Stoffwechsel eines schnellen Brüters. Es gibt sie, die Leute mit dem asketischen Gaumen, bei denen die Geschmackspapillen auf der Zunge halt so dünn gesät sind, daß sie wirklich ein Knäckebrot mit Magerquark genauso deliziös finden wie Gänseleberpastete. Doch die meisten Menschen müssen sich derlei erst einreden. Diese Autosuggestion wird einesteils beflügelt vom Angebot modischer Kleidung, das für hemmungslose Schlemmer kein Pardon kennt. Zum anderen ist das Wort Diät zwar in aller Munde, aber es ist auch unfein, ein richtiges four-letter-word. Während Schlanksein absolut schick ist – und das, im Gegensatz zu allen anderen Moden, nonstop seit siebzig Jahren –, will Schlankwerden kaschiert sein wie Hüftspeck. Das ist so wie mit dem Geld: Reichtum wird angehimmelt, Geldscheffeln ist peinlich. Aber der Zweck heiligt die Mittel. Und trotzdem ist ererbtes Geld auch in den Augen von armen Schluckern irgendwie feiner als sichtbar zusammengerafftes. Und eine angeborene Slimline gilt als solider als eine frisch abgespeckte Taille. Neureiche und Neuschlanke sitzen imagemäßig im selben Boot.

Drum tut der modisch Schlanke alles, um seine Kasteiungen vor den Augen der Welt zu verbergen. Die Brigitte-Diät an der Kühlschranktür, die Sinnsprüche à la «Fünf Minuten im Mund – ein Leben lang auf den Hüften» wirken spießig; die Mitgliedskarte für Weight Watchers bewahrt man so diskret auf wie Hämorrhoidensalbe. Denn Streß oder Liebeskummer, so viel Erfolg im Beruf oder Glück in der Liebe, daß man gar nicht ans Essen gedacht hat, strapaziöse Reisen oder sportliche Fimmel machen sich als Erklärung für eine erst kürzlich erworbene Traumfigur erheblich besser als das Eingeständnis, wochenlang Quellpulver geschluckt oder verhalten an einer Salatgurke gemümmelt zu haben.

Das Thema Idealgewicht ist Zunder. Nicht nur, weil Mitmenschen auf Diät bekanntlich reizbar sind. Sondern auch, weil sie vorher, während und nachher jedermann in Zorn bringen, die modernen Flagellanten. Hier eine Auswahl der besonders schwer erträglichen Typen:

- Die Strichmännchen, die säuberlich den Klacks Kräuterbutter vom mageren Steak kratzen.

- Die Molligen, die dauernd mit vollem Mund von ihrer morgen beginnenden Diät reden und derweil das letzte Aalbrötchen schnappen.
- Die Leute, die soeben durch eine viehische Diät der Natur ihr Apothekergewicht abgetrotzt haben und jetzt behaupten, es sei alles ganz einfach.
- Von Natur aus Dünne, die nichts dazukönnen, daß ein Berg Sahnenudeln sich niemals sichtbar auf ihnen niederschlägt.
- Die mühsam Schlanken, die ihre Gäste nudeln und selber Magenverstimmung vorschützen. Verwandt mit den Endlich-Schlanken, die ihren immer-noch-dicken Freunden vorsätzlich Pralinen statt Blumen mitbringen.
- Die Dicken, die nur klagend essen können: Weil entweder das Bestellte kalorienarm ist und ihnen deswegen nicht schmeckt. Oder weil sie sich was Üppiges bestellt haben und es nur reuig verschlingen können.
- Die ehemaligen Großkaliber, die grad eine Schlankheitskur hinter sich haben und sich deswegen berechtigt fühlen, allen Mitmenschen auf die Rippen zu fühlen.
- Die Stromlinienförmigen, die ihre Boutiquen-Eitelkeit leugnen und ihr ein medizinisches Mäntelchen umhängen: Sie klappern ständig belehrend mit der Süßstoff-Büchse, weil Zucker doch das weiße Gift ist.
- Die Neuschlanken, die behaupten, zum Nachtisch ernstlich lieber eine Karotte zu mögen statt Mousse au chocolat. Verschwägert mit den Heuchlern, die angeblich so viel essen und trinken können, wie sie wollen, während sich in ihrem Kühlschrank eigenartigerweise Diät-Cola und Hipp-Breichen stapeln.
- Die dicken Männer, die wohlgerundete Frauen zu fett finden.
- Die dünnen Männer, die alle Diäten für neurotischen Weiberkram halten, aber mit keiner tanzen, die mehr als einen Zentner wiegt.

LIEBE ODER SO ÄHNLICH

HUNGRIGE AUGEN

Über die Kunst des Flirtens

Wie machen Sie das eigentlich, wenn Sie jemand kennenlernen wollen? Gemeint ist die Sache mit dem Herzklopfen, vormals Flirt, neudeutsch «Aufreißen» genannt. Kurzum: die erotische Ochsentour.

Also, bitte und im Ernst: Wie zwingen Sie den schönen Mann am Tresen, der seinem Nachbarn grad auf dem Bierfilz so genial die Relativitätstheorie erklärt, sich Ihnen zuzuwenden?

Und Karlheinz, wie willst du's schaffen, daß diese Rita, die jede Spätvorstellung schmückt, auf deine gelben Augen aufmerksam wird statt immer nur der Barfrau das Filmförderungsgesetz zu erklären?

Wie lernt man Leute kennen, mit denen man gern was hätte? Die Frage ist nicht länger privat. Darin steckt eine gesellschaftliche Not. Heerscharen von Frauen fragen sich, wo denn die Männer sind, die man gern zum Frühstück dabehielte, und Heerscharen von Männern grübeln, wie man die Frau, nach der man sich sehnt, mit nach Hause kriegt.

Es ist ein Problem, aber für Problemlösungen sind wir Deutschen schließlich bekannt. Da gründen wir einfach eine Akademie! Mittlerweile haben wir schon zwei im Lande, die uns das Flirten lehren wollen. Als sei's eine verlernte Fertigkeit wie Hausschlachten oder Feuermachen mit Flintsteinen.

Seltsam. Äonenlang haben sich unsere Vorfahren fortgepflanzt, und zwar ganz ohne Seminar zum ersten Schritt. Wahrscheinlich sahen sie sich einfach tief in die Augen und vermieden die größten Fehler, vor denen die Hamburger Schule für «Flirten, Lieben, Leben» heute im zehnstündigen Kursus mit Videokontrolle so nachdrücklich warnt: «Nicht zwischen die Augen starren, nicht zwinkern und höchstens fünf Sekunden hingucken.»

Lassen wir für den Fortgang die Schwabinger «P + P Flirt- und Kontaktschule» zu Wort kommen: «Nachdem Sie Blickkontakt genossen haben, sprechen Sie die Person an. Etwa mit den Worten: Sie haben mir eben so nett zugelächelt, und da dachte ich …»

Ja, denkste! So ein sentimental umflorter Blick, die schwerenöterisch gehobene Braue können ganz schön ins Auge gehen. Ich weiß das, seit ich die Reportage eines US-Magazins über einen Swinger-Club in New York las, wo der Undercover-Reporter in Unterhosen an der Bar sitzend von einer nackten Dame nach vorschriftsmäßigem Blickkontakt abgewiesen wurde mit dem Satz: «Ich nehme nur Männer mit hungrigen Augen!»

Immerhin, ein schöner Gesprächsanfang, aus dem doch noch was werden könnte. Allein, es fehlt oft die Gelegenheit, der verbale «Einstieg».

Hunderttausende haben hierzulande Erica Jong gelesen und kultisch über ihre Vision vom «Spontanfick» (mit einem wortlosen Mitpassagier im Eisenbahntunnel) diskutiert. Aber wenn's drauf ankommt, ist Literatur halt kühner als das Leben.

Vielleicht sind wir Deutschen auch bloß unrettbar romantisch, jedenfalls sollten nach Auffassung der meisten Mitmenschen zuvor doch ein paar nette Worte gefallen sein.

Das Wort «Flirt» hat einen altmodischen Ruch – zu Unrecht. Spitzenkünstler des Anbandelns konnten so direkt sein wie Mae West, die einen unbekannten Hollywood-Kollegen mit den Worten ansprach: «Sind Sie bewaffnet, oder freuen Sie sich nur, mich zu sehen?»

Die Mae Wests sind nicht ausgestorben. In der «Wollstube» ums Eck kursiert zur Zeit folgende Anekdote über eine Angora-Stammkundin: Die lernte, selbstredend im Selbstgestrickten, einen schüchternen jungen Mann kennen. Wortlos strich der Verehrer immer wieder über die weiche Wolle. Da soll die Angora-Kundin sich ein Herz gefaßt und gefragt haben: «Willst du eigentlich stricken, oder sollen wir was drauf reimen?»

Und wenn sie nicht gestorben sind, dann stricken sie noch heute glücklich zusammen, sagt die Besitzerin vom Wolladen.

LIEBE MIT KOLLEGIALER ANTEILNAHME

Über Techtelmechtel im Büro

Rüdiger hat sich verändert. Er trägt neuerdings Krawatten und läßt sich einen Bart stehen. Außerdem ist er oft grundlos gut gelaunt. Die Erklärung läge für die (meist weiblichen) Hobby-Detektive im Büro auf der Hand: Cherchez la femme. Es muß eine Frau dahinterstecken, wenn einer plötzlich rosa Hemden trägt, seinen Kombi gegen einen GTI austauscht, in der Betriebssportgruppe auftaucht, seine Gleitzeit völlig anders nutzt. Aber doch nicht unser Rüdiger, das Gewohnheitstier! Wir wissen ihn seit Jahren sicher aufgehoben im Häuschen im Grünen, mit Frau, Kind und/oder Hund. Zwölf Jahre gemeinsam erlittener Betriebsfeste haben überdies gezeigt, daß Rüdiger schwer entflammbar und keineswegs ein Schürzenjäger ist.

Aber die Ungereimtheiten häufen sich, irgendwas stimmt nicht mit Rüdiger. Also beginnt die Rasterfahndung im Büro, ein Job, bei dem man auf viele Freiwillige rechnen darf. Befremdliche Abweichungen im Kantinenverhalten der Zielperson werden gemeldet: Seit Menschengedenken pflegte Rüdiger die einmal monatlich servierte Kiwi einzustecken, weil seine Frau sie so gern mag. Gestern aß er sie auf! Vom Büroboten ist zu erfahren, daß Rüdiger schon seit Wochen nicht mehr vorstellig wurde, um ausländische Briefmarken für seinen kleinen Sohn zu schnorren. Das Bild wird plastisch, die Sache spannend.

Nämlich: Sooo kleinkariert ist unsere Firma nun auch wieder nicht, daß von gewöhnlichem Ehebruch ein Aufhebens gemacht würde. Wir Kollegen sind als weitherzige Beichtväter und -mütter bekannt, haben schon manche Zweit- und Dritthochzeit mitgefeiert, verlieren keine Worte über die gefummelten Hotelrechnungen, unter deren Tintenklecks sich gewöhnlich ein zweites Frühstück im Einzelzimmer verbirgt... Wenn Rüdiger sich also jetzt so geheimnistuerisch benimmt, dann muß mehr dahinter sein. Dann muß es eine von uns sein! Nun beginnt die prickelnde Suche nach dem missing link. Prozedur: siehe oben.

Normalerweise schert sich kein Schwein darum, wer mit wem schläft. Aber wenn die Buchhalterin mit dem Spesenprüfer, die Verkaufsleiterin mit dem Marketing-Mann, dann wird aus einer Allerweltsaffäre in den tausend Augen der Firma Dynamit. Denn Vorgesetzte mögen das nicht. In manchen Konzernen gibt's bei Einstellung neben dem Vertrag noch was mündlich Kleingedrucktes vom Personalchef auf den Weg: «Und bitte – no hankypank with the payroll!» Kein Techtelmechtel mit der Lohnliste, denn Liebe im Büro sabotiert das Prinzip «Teile und herrsche». Chefs führen in ihren Sonntagsreden gern das Klischee von der «großen, glücklichen Familie» im Munde. Soll heißen: Liebet einander – aber Inzest ist Sauerei!

Wenn die Sekretärin mit dem Chef, das geht ja noch, weil das schon immer so war. Gewöhnlich denken beide, keiner merkt's. Auch wenn sie ihr wahres Verhältnis vor aller Welt vollziehen durch das deutsche Phänomen des einseitigen Duzens. Aber da bleibt eben die Hierarchie intakt, und es geht keine Arbeitskraft verloren.

Wenn aber halbwegs Gleichgestellte miteinander, dann gehen im Hause die irrationalen Warnleuchten an. Das ist verschärfte Kungelei, potentielle Insurgenten sind das, nicht mehr gegeneinander ausspielbar durch Intrigen oder die Knute der Konkurrenz.

Liebe im Büro ist schon deswegen so schön – auch für die gänzlich Unbeteiligten – weil sie eins der letzten Tabus ist. Liebe im Büro ist ein einsamer Kirchturm erotischer Gschamigkeit inmitten einer Prärie von Permissivität. Liebe im Büro beschert den Praktizierenden altmodische Wonnen wie Heimlichkeit und ein gemeinsames Feindbild. Bei Romeo und Julia durften's die Eltern nicht wissen. Heute hilft Daddy beim Aufpumpen der Luftmatratze im Jugendzimmer, wenn die fünfzehnjährige Tochter ihren Sportsfreund übers Wochenende eingeladen hat. Allerlei Satiren sind darüber geschrieben worden, was gewesen wäre, wenn Julias Vater so diplomatisch gehandelt hätte – ein Shakespeare-Drama jedenfalls nicht. Tabus sind ein berückendes Aphrodisiakum. Schnurrendschön ist es, im Bett zu kuscheln mit dem Rumpelstilzchen-Gefühl «Ach wie köstlich, daß niemand von den Kollegen weiß...».

Sind Sie jetzt neidisch? Brauchen Sie wirklich nicht zu sein. Liebe im Büro ist im Grunde genauso spießig wie die danach schnüffelnden Kollegen: Keine Spur vom coup de foudre oder vom Sprung ins kalte Wasser. Das Austesten des Partners auf grobe Charaktermängel hat ja schon die Firma erledigt. Liebe am Arbeitsplatz vollzieht sich meist nach Hausmannskost-Rezepten: Was lange währt, wird endlich gut.

Und wenn nicht, so ist die Rache der Firma grauenvoll. Sich nach einem schlappen one-night-stand womöglich bis zur Pensionierung «Mahlzeit» wünschen zu müssen – das wünscht man seinem Todfeind kaum.

WAS EIN MANN KÖNNEN MUSS

Über die bescheidenen Anforderungen an den modernen Partner

Was ein Mann können muß? Die Frage war von der Steinzeit bis vorgestern (in etwa Ende des Ersten Weltkriegs) leicht zu beantworten: Na, vor allen Dingen sollte er seine und gegebenenfalls auch noch ein paar andere Frauen ernähren können. Auch sollte er eine gute Figur auf dem Kriegspfad bzw. in Uniform machen. Treu hatte er zu sein – dem Vaterland, dem Vorgesetzten, dem Freund; nicht unbedingt der Frau. Und schließlich mußte er seine Zeugungsfähigkeit unter Beweis stellen. Dann galt er als erwachsen.

Alle reden vom Wertewandel, wir heute auch.

Der sogenannte Wertewandel hat das Mannsbild viel radikaler umgekrempelt als alle Frauenzimmer. Frauen sollen nämlich auch 1988 sein wie eh und je, wenn wir einer unbestechlichen Quelle glauben wollen. Ich rede hier von den 410 bislang erschienenen Prominenten-Fragebögen des FAZ-Magazins, wo rund 350mal Männer (und zwar von Welt!) zu Wort kamen. Und auf die Frage «Welche Eigenschaft schätzen Sie bei einer Frau am meisten?» fast stereotyp für das zärtliche, verschwiegene, verzeihende und humorvolle Weibchen stimmten. Ein Mann hingegen kann heute kinderleicht zum Traum der Mädels, Bienen, Torten, Girls und Damen werden, auch wenn oder gerade weil er allen klassischen Maßen der Männlichkeit vorsätzlich nicht genügt.

Malen wir uns diesen Typ kurz aus: Er verdient nicht so viel, daß er uns ernähren könnte. Und wenn, so wollte er es wahrscheinlich nicht. Das ist ja das Emanzipierte an ihm. Wir, mit unserem nachsichtigen Humor und unserer zärtlichen Verschwiegenheit, sind stolz auf so einen Mann. Er dient unserer Selbstverwirklichung. Wenn Not am Mann ist, könnten wir ihn ernähren. Und er würde sich durchfüttern lassen ohne Schrund auf der Seele, ohne aus Schmach gleich impotent zu werden.

Der moderne Frauen-Schwarm braucht auch nicht schneidig zu sein wie Rambo oder der kleine Gardeoffizier. Vielleicht ist er Kriegsdienstverweigerer, weißer Jahrgang oder sonstwie hoch im weiblichen Kurs wegen seiner Schwerhörigkeit für Befehlstöne. Seine Treue gilt nicht Volk und Vaterland, sondern sich selber. «Sich selber treu sein» gilt heute als kostbare Mannestugend, obwohl es sich dabei fallweise um krassen Egoismus handeln kann. Nie war ein moralischer Wert billiger und bequemer zu erjagen.

Last but not least tut der moderne Held alles in seiner Macht Stehende, um weder Stammhalter noch Töchter zu zeugen. Da ist er frauenfreundlich, selbst in Fällen, wo das Gegenteil gewünscht wird.

Kurzum: Nachdem die alten Maßstäbe nicht mehr taugen – was muß ein Mann heutzutage können, um geliebt, geachtet, stolz im Freundeskreis präsentiert zu werden? Wann ist ein Mann erwachsen? Abgesehen davon, daß viele Männer dies zum Leidwesen der Frauen (hier nicht: Mütter) gar nicht für erstrebenswert halten, sondern glauben, der Ewige Junge habe noch erotische Hochkonjunktur. Für diese Zeiterscheinung gibt's bereits die griffige Schublade vom Peter-Pan-Syndrom. Das soll uns hier momentan aber nicht beschäftigen, weil es auch die meisten Frauen nur klinisch interessiert und weißt Gott nicht am eigenen Leibe. Damit auch Männer nach anstrengenden Ausflügen in die oftmals unergiebigen Macho- und Softie-Rollen endlich wieder wissen, woran sie sind: Hier zehn Gebote mit Anhang für den Mann, der auch morgen noch Objekt der Begierde sein möchte. Ohne Gewähr und selbstverständlich unvollständig.

- Er soll nicht große Liebe schwören, wenn er nur eine Kleine im Sinn hat.
- Er soll im Lokal ein mißratenes Gericht zurückgehen lassen können, ohne laut zu werden oder vorher mehr als die Hälfte aufgefressen zu haben.
- Er soll nicht von Sport reden, wenn er nur TV-Fußball meint.
- Er soll nicht Mitglied bei Greenpeace sein und beim Anblick einer Hausmaus durchdrehen.
- Er soll nicht von seinen Zeiten als 68er reden wie sein Vater von Stalingrad.

- Er soll schwache Momente im Bett nicht mit seinem bösen Chef entschuldigen und schwache Leistungen im Büro nicht mit der bösen Freundin.
- Er soll nicht so tun, als ob er die Frauen verstünde.
- Er soll überhaupt nie so tun, als ob.
- Er soll nicht über getunte Autos fachsimpeln, wenn er im Ernstfall nicht mal einen Reifen wechseln kann.
- Er soll zum Muttertag/Hochzeitstag/Belagerungszustand weder rosa Nelken mit Spargelkraut noch Baccara-Rosen anschleppen.
- Er soll nicht Experte für Mietrecht, Pädagogik oder Steuer sein und die alltäglichen Verhandlungen mit Vermietern, Lehrern, dem Finanzamt seiner Allerliebsten überlassen, die er zu diesem Behufe zwar mit ausgeklügelten Spickzetteln versieht, welche aber von Aug zu Aug nichts taugen.
- Er soll keine Affären eingehen, solange er schwer selbstverliebt ist.
- Er soll Familienfeste oder Parties bei *ihren* Freunden gut gelaunt ertragen können oder von vornherein wegbleiben, ohne die Last der Entschuldigung auf seine Partnerin abzuwälzen.
- Er soll nicht von seiner Liebe zum Job sprechen, wenn er Macht oder Geld meint.
- Er darf seine Angst vor Aids gern unter einem Präservativ verstecken, aber dann sollte er's in der Hosentasche haben und nicht sie zum Automaten schicken.
- Er soll nicht den Revoluzzer machen und vor seinem Chef und/oder gewissen In-people katzbuckeln.
- Er soll nicht Gesundheitsvorträge in seinem Freundeskreis halten, bloß weil der Arzt ihm vorläufig Alkohol verboten hat oder er seit gestern joggt.
- Er soll sich nicht so wichtig nehmen.
- Er soll die Frauen lieben. Doch den Spruch, daß Frauen die besseren Menschen sind, lieber unterdrücken, wenn es darum geht, die Betten frisch zu beziehen oder die Kotze vom Kind wegzuwischen.
- Er soll unter Gleichberechtigung nicht verstehen, daß er den neuen CD-Plattenspieler anschafft und sie das Geburtstagsgeschenk für Tante Mimi.
- Er soll nicht mehr «Nähe» wünschen, wenn's ihm schlecht geht, und weniger «Nähe», wenn ihm die übrige Welt grad zu Füßen liegt.

WO DIE LIEBE HINFÄLLT...

Über Freunde,
die auf den Hund gekommen sind

Es war ein netter Abend. Nur schade, daß die Gablers nicht kommen konnten. Sie sagten in letzter Minute ab. Kurz bevor sie das Haus verlassen wollten, hatte Rollo sich übergeben. Und da haben's Leonie und Bertram natürlich nicht übers Herz gebracht, den armen kleinen Kerl allein zu lassen. Wer weiß, wie lange er noch zu leben hat. Rollo ist jetzt elf Jahre, was für einen Dackel ziemlich alt ist.

Rollo, finden die Freunde von Gablers im geheimen, ist ein sehr zutreffender Name für dieses Tier, das einer Sofarolle immer ähnlicher wird. Das mag daran liegen, daß Leonie ihn in einer Einkaufstasche mit verstärkten Henkeln die vier Treppen hochträgt, weil Dackel-Wirbelsäulen bekanntlich sehr fragil sind.

Sein einprägsamer Name sowie seine geringe Höhe machen den Rollo wiederum allen hundelosen Bekannten sympathisch. Es entfallen peinliche Situationen, wie wenn man bei Hundebesitzers eingeladen ist und schon in der Tür die Zunge des Münsterländers im Gesicht hat, seine Pfoten auf der Seidenbluse oder die Schnauze unterm Rock. In seiner Not ruft der Besucher süßsauer «Schon gut, Kara!» – und erntet beleidigte Mienen, weil Kara doch der verblichene Hundevorgänger war oder der Kosename der Hausfrau oder Hund von jemand ganz anders.

Leute mit Kindern reagieren nicht halb so gekränkt, wenn man ihren Johann als Jonathan anspricht, wie unsere Freundin Leonie, wenn einer ihren Rollo aus Versehen Zorro nennt und kein Guti-Guti für ihn mitgebracht hat.

Trotzdem ist Leonie, alles in allem, eine prima Hundemutter. Man wünschte, von denen gäbe es mehr. Sie ist nämlich nicht so ein scheinheiliges Luder, das ihrem Hund in die Ohren gurrt, doch ruhig in unseren Vorgarten zu koten. Nicht so eine, die für den Fall, daß wir Spießer hinter der Gardine den neuen Haufen im Tulpenbeet mit Zorn betrachten, ihr Gesicht tief in die Zeitung vergraben und scheinbar gar nicht gemerkt hat, was ihr Süßer da macht.

Rollo ist zwar antiautoritär erzogen, aber seine Erziehungsberechtigte ist bereit, dafür die Konsequenzen zu tragen. Es konnte dem sensiblen Rollo nicht zugemutet werden, das Verrichten der Notdurft im Rinnstein zu lernen. Aber Leonie, eine dieser aufgeklärten Frauchen mit Friedhofsschäufelchen, macht hinter ihrem Liebling sauber. Weniger aus Umweltbewußtsein, sondern weil sie nicht will, daß man über den Rollo schlecht spricht.

Damit wir uns recht verstehen: Leonie ist keine Witzfigur. Sie läßt ihren Rollo nur an seinem Geburtstag im Hunderestaurant speisen, und sie kleidet ihn auch nicht in Hundeboutiquen ein. Als Rollo diesen Husten hatte, der genauso klang wie der Pseudokrupp ihrer Nichte, da hat Leonie ihm schnell selber eine Weste gestrickt.

Versteht sich, daß die Gablers seit zehn Jahren keine Flugreise mehr gemacht haben. Den armen Rollo wie ein Gepäckstück im Frachtraum reisen zu lassen, brächte Leonie nie übers Herz.

In der Steiermark haben die Gablers 1985 ein schönes Erlebnis gehabt. In der Pension am See hat Rollo sich verliebt in eine Dackelin aus Nordrhein-Westfalen. Die Schwiegereltern waren sich auf Anhieb sympathisch. Man ist dann noch zweimal zu Herrchen und Frauchen von Lurchi nach Düsseldorf gefahren, denn Rollo war halt nicht mehr der Jüngste und sollte doch auch noch mal dürfen, was ein Rüden-Leben so schön macht.

Mit Rollos Schwiegereltern hat man sich auf die Dauer dann aber doch nicht so gut verstanden, es kam irgendwann zum Bruch über die Theorien des Hundeforschers Eberhard Trumler. Jetzt, wo Rollos Tage gezählt sind, tut es einem natürlich leid, sich damals nicht um die Welpen gekümmert zu haben. Irgendwo in NRW hat man wahrscheinlich bildschöne Hundeenkel und kennt sie nicht mal.

SCHWÄCHEN
&
GEBRECHEN

BLAUER DUNST

Über bisher unbekannte Gewissensqualen des Rauchers

In jedem echten Raucher-Leben gibt es dunkle Momente, von denen kein Nichtraucher was ahnt. Schon deswegen nicht, weil wir uns eher die Zunge abbissen, als unsere widerwärtig gesunde Opposition, diese ekelhaft beherrschten Vernunftmenschen, auch noch für künftige Argumente zu munitionieren mit den Schilderungen unserer Schmach.

Gehen zum Beispiel die Zigaretten nach Ladenschluß aus, plündern Eltern die Sparschweine ihrer Kinder, filzen Damen die Hosentaschen ihres schlafenden Geliebten auf der Suche nach dem benötigten Schlitz-Geld. Männer, die fast nie lügen, erfinden liegengelassene Akten im Büro, um einen unbewachten Umweg über den allzeit geöffneten Bahnhofskiosk zu machen. Ansonsten unnahbare Frauen sprechen nachts um drei wildfremde Männer auf der Straße vorm Automaten an mit der Bitte, einen Zehnmarkschein zu wechseln. Und das alles nur, um die Frage «Kannst du wirklich nicht mal einen Sonntag ohne...?» ein einziges Mal weniger hören zu müssen.

Der Toleranzpakt zwischen Rauchern und Nichtrauchern, die Tisch und Bett teilen, ist fragil. Die von Ärger oder gesundheitlicher Anteilnahme diktierten Bemerkungen zwingen den Raucher knietief in die Selbstverachtung. Flott muß er schwindeln, daß er jederzeit aufhören könne, aber im Moment nicht wolle. Während es sich doch genau andersherum verhält. Das ist demütigend.

So demütigend wie die berüchtigte Nacht vorm Examen, als die Streichhölzer alle waren. Schamhaft beugt sich der süchtige Raucher über die rotglühende Herdplatte, um die Zigarette, das ewige Lichtlein vieler nervöser Geistesarbeiter, anzusengen und die Wimpern des zugekniffenen Auges dazu.

Die Hatz ist auf, wir sind Umweltverschmutzer, die Arbeitsgerichte beschäftigen. Unser glamour ist dahin. Vorbei das Alibi der berühmten Opernsängerin, die sich zum Rauchen bekannte aus Angst vorm Doppelkinn.

Wir sind peinlich, drum rücken wir zusammen. Wartezimmer aller Art sind unser Fegefeuer; wir erkennen einander am flackernden Blick. Besser als Kino, Sport, Theater sind häufig die Pausen. Ein scheues Lächeln streift dich aus dem Nachbarfauteuil – noch so einer, der schon am Zellophanhäubchen seiner Glimmstengel nestelt, ehe La Traviata ordnungsgemäß gestorben ist. Wir Raucher sind kontaktstark. Das schlechte Gewissen treibt uns zueinander. Je mehr man uns ausgrenzt – in die Trotzeckchen und «Schäm dich»-Winkel von Flugzeugen, Kantinen, Foyers und Freibädern –, desto netter sind wir oral Auffälligen zueinander.

Sitzt man im Eiscafé mit seinem nikotinfreien Partner und rumort ein bißchen in der Handtasche, schon hat der selbstdrehende Student am Nebentisch unser Dilemma durchschaut und zückt sein Einwegfeuerzeug. Wir treffen uns auf Behördenfluren und sind uns wildfremd sympathisch in unserer Rolle als soziale Krüppel, die trotzig aus dem Fenster oder in eine leere Limo-Dose schnippen.

Nur einmal traf ich einen Nichtraucher, der eine Ahnung besaß von Zusammenhängen: Dieser Engländer reiste immer in blau verhangenen Abteilen, weil er Nikotinschwaden und schuldbewußte Fröhlichkeit lieber mochte als den moralinsauren Altersheimgeruch von getrockneten Orangenschalen, Halspastillen und Leberwurstbroten nebenan.

Trotzdem ist das Lustprinzip dahin; wir Raucher haben unsere aufmüpfigen Sprüche eingebüßt. Wir hätten es schon längst gelassen, wenn die Kampagnen für ein glückliches, langes, nikotinfreies Leben bloß nicht immer so klängen wie von Nichtrauchern entworfen.

Es gibt zwei Gruppen schwerer Raucher: Die einen fangen mit dem Aufhören gar nicht erst an. Aus begründeter Angst vorm Mißerfolg. Die anderen halten es mit Mark Twain. Der schwor, es gäbe nichts Leichteres, als mit dem Rauchen aufzuhören. Er selber habe es schon *297*mal geschafft.

DIE UNAUSSPRECHLICHEN DINGE DES LEBENS

Über den Zusammenhang zwischen Zivilcourage und Einkaufszettel

Was soll denn schon dabei sein? Gar nichts ist dabei, vor Zeugen Hühneraugen- oder Abführmittel zu verlangen. Wenn uns doch nicht ausgerechnet heute dieser gutaussehende Apotheker bedienen wollte, der uns im Schwimmbad immer so dauergebräunt zulächelt! Es bleibt also für heute bei einer neuen Zahnbürste.

Zwar haben Frauenzeitschriften sich redlich Mühe gegeben mit Aufklärungsartikeln wie «Bandwurm / Kopfläuse / Warzen sind heutzutage völlig normal und kommen in den besten Familien vor». Aber sobald einen diese Normalität betrifft, möchte man lieber unbefallen statt fein sein.

Bewundernswerte Zeitgenossen, die ihren Bedarf an Hämorrhoidensalbe so locker, leicht und laut heraustrompeten, als holten sie nur Hustenbonbons! Verhemmtere Menschen haben zuvor Kleinanzeigen studiert und können im Falle einer plebejischen Volkskrankheit wie Fußpilz mit Latein aufwarten oder bestellen Tinkturen, die wie polynesische Mädchennamen heißen. Die Rezeptpflicht vieler Mittel macht nicht nur medizinisch Sinn. Sie erhält auch den diskreten Charme der Bourgeoisie: Das stumm hingeschobene Papierchen verrät Umstehenden nichts über unsere Hefepilzsiedlung.

Nun sind peinliche Produkte keineswegs nur mit Krankheit vernetzt. Nonchalance muß man auch haben, um einen Do-it-yourself-Schwangerschaftstest zu kaufen, während die hellhörige Vermieterin daneben steht. Überhaupt benötigt die junge, ungestüme Liebe öfter mal Artikel, die nur das Gesundheitsamt in der Öffentlichkeit gern beim Namen nennt. Früher tippte man seinen Wunsch nur an. Es tippte der Herr nach dem Haarschnitt diskret auf die Glasplatte unterm Zahlteller. Dort waren so kleine blausilberne Päckchen ausgestellt, im Styling mit Fleiß den Rasierklingen angeglichen. Diesen Service sucht der junge Mann heute bei Vidal Sassoon oder Mod's Hair vergebens.

Es folgte eine Zeit, in der es in jeder besseren Frauengruppe zu den Hausaufgaben in Mutprobe gehörte, in einem Sex-Shop die genoppte Dreierpackung zu erstehen. Auch vorbei. Zwischen die Kundschaft und ihr mögliches Stottern sind der Versandhandel und der Automat getreten.

Im Marketing der peinlichen Waren hat bisher nur die «Monatshygiene» reüssiert, die sich im Supermarkt zur unauffälligen Selbstbedienung darbietet. Gewöhnlich zwischen Waschpulver und Tierfutter.

Wie schön, wie gut, daß man heute über alles reden kann. Aber: Muß man es denn unbedingt? Der Kammerjäger trug neben seiner rokokohaften Berufsbezeichnung eine Buchhalter-Aktentasche mit Flit-Spritze und ging seinen Geschäften auf den Zehenspitzen der Diskretion nach. Seine Nachfolger sind so von Wahrheitsliebe und Berufsethos gepackt, daß sie lieber als «Schädlingsbekämpfungsmeister» firmieren und in Minibussen mit der Rambo-Aufschrift «Rentokil» umherfahren. Ob es den bedrängten Kunden freut, wenn die Firma «Mietmörder» vor seinem Haus parkt und die Anwohner einen lustigen Vormittag mit der Wette verbringen, ob beim Nachbarn Ratten, Küchenschaben oder bloß Silberfischchen über Tische und Betten springen? Handwerkerehre kontra menschliche Geschamigkeit verrät auch die Auslage einer Pediküre. Gruselig gelb-graue Waren sind zu sehen, doch sie stammen nicht aus einem Pharaonengrab, sondern sind «Von uns entfernte Holznägel»!

Wir bitten, daß solche Aufrichtigkeiten nicht Schule machen.

Wir bitten, daß Zahnärzte ihre Innenarchitekten auch fürderhin mit der Aufstellung von Ledersitzgruppen beschäftigen und nicht mit der Entwicklung von Samt-Displays für «Von uns entfernte kariöse Backenzähne».

Wir bitten um das Minderheiten-Recht auf die gute alte Verklemmung.

GEIZ, GROSS GESCHRIEBEN

Über ein Laster, das unter dem Mäntelchen der Ökologie fröhliche Urständ feiert

Nie war Sparsamkeit so modisch wie heute. Zwar haben Politiker, Vorgesetzte und Erziehungsberechtigte hierzulande seit Jahrhunderten stets Sparsamkeit gepredigt. Aber trotzdem oder drum haftete dieser deutschen Kardinaltugend stets etwas Piefiges an.

Das hat sich in den letzten Jahren grundlegend geändert. Sparsamkeit ist schick, Verschwendung pfuiteuflisch selbst in Kreisen, die beim Wort «Bausparvertrag» oder «Haushaltsbuch» einen Lachkrampf kriegen.

Ein Umwelt-Schwein, wer Plastiktüten nur einmal verwendet oder ertappt wird, wie er eine Pfandflasche im Mülleimer versenkt. Mangelndes Bewußtsein, wenn einer die Fenster der verqualmten Party-Bude aufreißt, während die Heizung läuft. Ein Öko-Trottel, wer sich noch kein kleines Ding in den Spülkasten der Toilette eingebaut hat, welches die Verschwendung von Trinkwasser gemäß den Bedürfnissen reguliert. Suspekt der Kollege, der sein brammiges neues Auto nicht mit dessen kolossal niedrigem Benzinverbrauch rechtfertigt. Nix Gentleman, sondern Handlanger gemeiner Tierquäler, wer seiner Liebsten zum ersten gemeinsamen Frühstück Foie Gras serviert. Kaminbesitzer geraten allmählich in schwere Erklärungsnot, wieso sie trotz Waldsterbens I a Rohstoffe zu ihrem puren Vergnügen verheizen...

Alles sehr löblich. Doch gibt es reichlich Grund zur Annahme, daß unter dem Trend-Coat einer wiederentdeckten Tugend auch eine der klassischen sieben Todsünden Aufschwung kriegt: der Geiz. Der penetrante, absurde, in seiner Kleinlichkeit beneidenswert kreative Geiz.

Tugend und Laster sind bekanntlich blutsverwandt, und bisweilen zeugen sie als Bastard hübsche Schrullen: Es soll hier nicht hergezogen werden über die real existierenden Firmen, wo Sekretärinnen einen auf Stummelgröße heruntergespitzten Bleistift vorweisen müssen, ehe sie einen neuen kriegen. Verweisen wir die Haarschneidegewohnheiten des Bankiers und Multimillionärs Hermann Josef Abs ins Reich der Anekdoten: Der soll jahrzehntelang meilenweit zu einem Dorffriseur gefahren sein, der von «A wie Abs, B wie Abs, S wie Abs» noch nie gehört hatte und ihm drum nur reelle fünf Mark für den Kopfputz berechnete. Absolvieren wir die Sonderangebotshaie, die in ihrer Freizeit nichts Schöneres kennen, als eine benzin- und zeitaufwendige Spritztour zu einem Massa-Markt zu unternehmen, wo der Camembert zwölf Pfennig billiger ist – obwohl sie Camembert eigentlich gar nicht so furchtbar mögen. Es soll schon vorgekommen sein, daß Leute von dort auch das spottbillige, überdies herabgesetzte Lackpflegemittel mitnahmen, um erst zu Hause festzustellen, daß niemand in der Familie Lackschuhe besitzt.

Die Zeiten sind hart, und wir Verschwender sollten uns über die Grenzfälle von Sparsamkeit und Geiz nicht erheben.

Geiz beginnt für mich dort, wo Menschen ohne Not ihre Intelligenz dazu verwenden, ihr Geld für sich zu behalten. So wie der Ölmilliardär Getty in der Halle seines englischen Schlosses einen Münzfernsprecher für die Hausgäste errichten ließ.

Ich kenne keine Milliardäre, aber ich kenne das top-gestylte Boutiquenpaar, Freunde von Freunden, mit denen im Skiurlaub gemeinsam ein Haus gemietet war. Alle schmeißen zusammen in die Haushaltskasse, dies Paar aber nicht. Sie haben ihren eigenen Aldi-Kaffee mitgebracht samt Filtertüten. Und die waschen sie morgens zur nochmaligen Verwendung.

«Das ist noch gar nichts», seufzt der Kollege, der davon hört. Und berichtet von seiner Erbtante. Die Frau bewohnt eine Villa, in der seit einem Jahr der Wasserhahn tropft. Sie ist nicht nur zu geizig, um einen Klempner zu rufen. Sie hat auch im Ausguß ein Glas stehen, in dem sie die Tropfen auffängt, um Besuchern daraus die Tasse Tee zu bereiten, die ihr die Schicklichkeit wider Willen aufzwingt.

«Eine vergleichsweise appetitliche Macke», stöhnt die Freundin, der ich dies erzähle. Ihr verflossener Freund, der immer so großen Wert auf Tischkultur legte und sie oft genug tadelte, wenn sie Spaghetti im Topf statt auf Porzellan servierte, sparte seinerseits eisern an Papierservietten. Statt dessen wischte er sich die Finger methodisch an seinen Socken ab. Da diese paar Stunden später ohnehin in die Wäsche kämen. Fünf Jahre lang hat sie ihm nicht widersprochen. Sie war schon froh, daß seine exzentrischen Sparpläne sich nicht auf den Verbrauch von Seifenpulver und den Abnützungs-Koeffizienten der Waschmaschine richteten.

«Da bleibt der Geiz doch wenigstens in der Familie», erwiderte mein bester Freund und hub seinerseits an zu erzählen: Wie er kürzlich mit seinem weitgereisten Chef und einem New Yorker Geschäftspartner auf dem Frankfurter Flughafen stand und der Amerikaner Richtung Toilette strebte. Sich daraufhin vom Chef am Ärmel gepackt und belehrt fühlte: «Hold it! Hold it! In Deutschland nehmen sie 20 Pfennig dafür, mit Händewaschen sogar 50! Und im Flugzeug ist alles völlig gratis!»

Ein anderer Freund räumte ein, gewiß sei dieser Vorfall peinlich und trüge nicht dazu bei, das Bild vom häßlichen Deutschen zu korrigieren. Doch habe er unter seinem letzten Boss viel Schlimmeres hinnehmen müssen. Der Mann hatte eine Frau, die gern Leber aß, und reiste geschäftlich oft nach London. In England, so hatte dies Finanzgenie bald herausgefunden, ist tiefgefrorene Leber billiger zu haben als in der Bundesrepublik.» Nach jeder Geschäftsreise ließ er die Limousine vor einem Supermarkt halten und schickte den Chauffeur um Gefrierleber. Für die Anschaffung einer Isoliertüte war er zu geizig. Ich habe jedesmal gebetet, daß unser Flugzeug keine Verspätung haben möge, denn sonst kamen wir regelmäßig mit einer bluttropfenden Tüte durch den Zoll...»

Und er rächt sich doch, der Geiz im Zwischenmenschlichen. Monatelang litt meine Nachbarin unter einer Liebelei, die ihr Mann mit einer Dame betrieb, die bei Schießer (nicht der von der Neuen Heimat) arbeitete. Als zum Geburtstag des Mannes drei Unterhosen mit kleinen Fehlern, Ware aus dem Personalverkauf, eintrafen, hat sie sich köstlich amüsiert. Weil sie wußte, daß sie ihren Mann nun bald wieder für sich allein haben würde.

DICKE TINTE

Über die postmodernen Schwierigkeiten beim Briefeschreiben

Wenn was is: Ruf einfach an!
So reden Herzallerliebste, Freunde, Eltern, Kollegen und Nachbarn und meinen es gut.

Ja, und dann sitzt man da in diesem Kaff in Nordfrankreich oder Südtirol und hat nicht die passende Scheckkarte zum Telefonieren (die EG läßt wieder mal grüßen), und überhaupt ist es ja nicht so schrecklich eilig, was einem grad auf der Seele liegt oder auch bloß den Sinn gekreuzt hat. Und teils aus purer Erholung, teils aus Langeweile, teils weil momentan kein Telefonhörer greifbar ist, schreibt man mal wieder einen Brief. Einen privaten. Und merkt, daß man das gar nicht mehr richtig kann.

Vorsatz-froh schreiben wir zunächst die Adresse auf den Briefumschlag und kleben auch eine Marke drauf, um uns selber Mut und Druck zu machen. So weit, so gut. Aber das Dilemma beginnt bereits bei der Anrede. «Lieber...» (ach nein, das schreibt jedes Schwein). «Liebster...» (entschieden zuviel des Guten). «Mein Lieber...» (so nun auch wieder nicht). Also einfach: «Carlo!» (wiewohl das bißchen nach mafiosem Zahlungsbefehl klingt, wenn man sich's laut vorliest).

Was ist denn los mit uns? Wir gelten doch sonst als entscheidungsfreudig...

Wahrscheinlich sind wir aufgezehrt, vereinnahmt, verschlissen durch den vielen Schriftverkehr, den wir täglich am Arbeitsplatz zu verrichten haben. Aber mit Schriftverkehr ist es so ähnlich wie mit Geschlechtsverkehr: Das sind so Polizistenwörter. Diese Vokabeln berücksichtigen nicht, ob man es gern tut oder bloß achselzuckend.

Und mal ganz abgesehen vom geplanten Inhalt unseres geplanten

Briefes, gilt es ja auch noch die Form zu bedenken. Von Hand oder getippt?

Durch unsere Freunde, die Trendsetter, wissen wir, daß die persönliche Note wieder stark im Kommen ist. Die derzeit unwiderstehlichste Mischung sind Ausdrucke aus dem Computer-Printer – mit handschriftlichem Zusatz da unten, wo es ans Grüßen geht. Das Persönliche muß mit echter Füllfeder gemacht werden, damit es nicht aus Versehen ins Elefantenhirn des Computers gerät und überhaupt: Das hat so was von der besten aller Welten, also von Lebensart.

Die Vorreiter auf dem Trend-Karussell schreiben schon seit einer Weile wieder mit der Hand. Offenbar ohne Angst vor dem Betriebs-Graphologen. Der Empfänger registriert das aufmerksam bis gierig: Die Zahl der maschinengeschriebenen Wörter versus der handschriftlichen auf der dienstlichen Mitteilung kommt in Konzernen und Behörden der Zahl der Lobkärtchen aus Grundschultagen gleich.

Eine schöne Handschrift darf sich wieder sehen lassen. Daß aufwärtsmobile Eltern (das sind die Leute, die für ihre Kinder eine noch bessere Karriere wünschen als für sich selber) neuerdings häufig über Kreuz geraten mit progressiven Lehrern, hat damit zu tun.

Während der Reformpädagoge denkt, es genügt, wenn das Kind denken kann und die Raffinesse seiner Ober- und Unterlängen nicht bewertet, denken Yuppie-Eltern an die Zukunft: Die imposante Klaue feiert fröhliche Urständ.

Am Rande entbrennen dann auch noch die Fragen, ob ein Montblanc oder ein Parker das derzeit gültige Instrument zum Halten der Tinte sei. Und wenn – welche Tinte? Während Männer nach wie vor eigentlich nur Rabenschwarz oder Nachtblau benutzen sollten, tut sich für Frauen ein leicht erweiterter Spielraum auf: Ultramarin, Türkis und Lila kommen gut.

Grüne oder rote Tinte dagegen geht ungeachtet des Geschlechts nicht in Ordnung; sind in unserer Vorstellung gepachtet von stießeligen Oberlehrern und Spesenprüfern.

Kuli ist in jedem Fall plebejisch, bei Filzschreiber hingegen scheiden sich die Geister. Hat so was Lässiges, nicht wahr? Genau: Mit Silber auf Grau schreiben die Leute, die sich die Zehen abhacken ließen wie Aschenputtels Schwestern, damit man bloß denken soll, sie hätten eine starke künstlerische Ader.

Apropos Briefpapier: Ja, Grau ist zur Zeit unverfänglich in. Fortgeschrittene tippen schon auf Butterbrotpapier, und die ganz Gewitzten schreiben wie eh und je ihre emotionalen Seufzer auf Bierdeckel, Klopapier, Wäscherei-Rechnungen oder was ihnen sonst gerade unterkommt und herzerfrischend improvisiert wirkt.

Als originell und weltmännisch wird allseits unser Freund betrachtet, der immer auf geklautem Hotelbriefpapier korrespondiert. Und zwar nie von dort, wo er grad ist. Sitzt er rekonvaleszent in Bad Pyrmont, so erreicht uns sein trockenes Husten zum Weltgeschen auf einem Aerogramm aus dem Tokio Hilton. Ob er je in Japan war – wir wissen es nicht. Vielleicht hat er nur eine weitgereiste Tante, die für ihn die Hotel-Schreibmappen plündert. Ist auch egal, erregt aber Aufmerksamkeit. Besonders, wenn er sich aus Rio auf dem Bogen vom Miesbacher Bahnhofshotel meldet.

Nun gut, die Werkstoffe sind zurechtgelegt. Der unvergeßlich heitere, zugleich kluge und einfühlsame Brief kann beginnen. Das wird zwangsläufig Verschreiber geben. Macht nichts, denn die Industrie hat sich auf den Trend bereits voll eingestellt. Tipp-Ex gibt's neuerdings in zwei Dutzend Farben, und zur Beförderung der Romantik kann man sogar Proben seines malvenfarbigen Briefpapiers einschicken, dann mischen die einem das passende Löschmittel. Nur schreiben muß man noch selber.

Wie soll ich schließen? Mit oder ohne «Deine»?

Soviel steht fest: Telefonieren ist einfacher.

SCHON MAL VON PMS GEHÖRT?

Über die Bemühungen der Pharma-Industrie, «typisch weibliches Verhalten» als Krankheit zu behandeln

Medikamente, das weiß jedes Kind, sind dazu da, um Zustände, die vom Normalen und Gesunden abweichen, zu korrigieren oder wenigstens erträglich zu machen. So läßt sich Kopfschmerz wegsprudeln, Fieber senken oder eine Rotznase vorübergehend trockenlegen.

Daneben gibt es die medizinisch und moralisch höher angesehenen Arzneien des Mottos: Vorbeugen ist besser als heilen. Also Mittel, die den Ausbruch von schweren Unannehmlichkeiten und Anomalien von vornherein verhindern sollen und deswegen von bestimmten Risikogruppen regelmäßig eingenommen werden sollten.

Ganz einfach Frausein scheint neuerdings in die Kategorie von Diabetes und überhöhtem Blutdruck, von Asthma und manisch-depressivem Irresein zu fallen: Wehe, wenn unsere Veranlagung durchbricht! Besser, man schluckt was dagegen.

Wer Frauenzeitschriften liest und auch die hübschen Pharma-Anzeigen nicht vergißt, der ist gewarnt: «Ein Alptraum, wenn Männer das durchmachen würden, womit 60 bis 80 Prozent aller Frauen an den Tagen vor den Tagen zu leben haben.» Ja, wirklich, wo kämen wir da hin mit unserem Bruttosozialprodukt? Nein, wirklich, das möchte ich mir als empfindsames Frauchen gar nicht ausmalen müssen, wie's wär, wenn Männer einmal im Monat ein bißchen bluten. Gegen dies Leiden der Empfindsamkeit schlägt die Tablettenfirma die Flötentöne der Emanzipation an: «Müssen sich so viele Frauen heute immer noch gefallen lassen, daß für sie regelmäßig einmal im Monat das große Elend beginnt?»

Nein, müssen wir nicht, denn es gibt jetzt ja Pillen, «kurmäßig zu verwenden», die der Natur, diesem tückischen Luder, Paroli bieten.

Derlei Medikamente bieten auch der offenbar kränklichen Menschensorte Frau «natürliche Ausgeglichenheit». Was lehrt uns das? Ohne Pillen sind wir wohl nur unnatürlich ausgeglichen oder natürlich unausgeglichen. Die Hälfte der Menschheit hat seit Jahrmillionen ihre Regel, doch jetzt werden wir «vor den Folgen der hormonellen Dysbalance» wirksam geschützt. Nein, damit ist nicht das Kinderkriegen gemeint, sondern das Prämenstruelle Syndrom (PMS). Was wie ein Bündel horribler Leiden klingt, äußert sich nach Zeugenaussagen darin, daß Frauen manchmal keinen Bock auf bestimmte Tätigkeiten oder Personen haben und im Bett einfach einschlafen... Herrschaften, das ist ungesundes Zeug! In Tränen ausbrechen, müde sein, gereizt sein, ein unausstehliches Kind anbrüllen, partout die Küche putzen wollen oder einen neuen Pullover kaufen... was für ein bedrohliches Krankheitsbild! Herrgottsakrament, Mensch Mann, dieses lästige familienfeindliche Verhalten muß doch medikamentös in den Griff zu kriegen sein!

Liebe Männer, wir sind halt so, und wäre es nicht denkbar, daß ihr euch wie zig Millionen anderer Männer in der Dritten Welt (dort, wo doch nach eurer Ansicht die Vollblutfrauen wachsen) mit ein bißchen Unberechenbarkeit abfindet?

Außerdem sind auch die meisten Männer, die ich kenne, manchmal bißchen aufgeschwemmt, mal abgeschlafft und deprimiert, mal ungerecht und launisch – und das nicht nur einmal im Monat. Aber bei Männern kommt das scheint's aus dem Geistigen. Bei uns Frauen aus den Niederungen der Körperlichkeit.

Die pharmazeutische Erziehung der Frau (ich muß zugeben, daß Frauen diesbezüglich lernwilliger als Männer sind und mehr Medikamente kaufen) begann mit Arzneimitteln, die Frauen zum eigenen Wohlsein und dem ihrer Nächsten an «den Tagen» einzunehmen hatten, damit sie sich nicht etwa wegen Kreuzschmerzen weigerten, das Treppenhaus zu putzen oder mit ihrem Gatten die bezahlte Hallenstunde Tennis wahrzunehmen. Doch damals steckte die Konditionierung der Frau zum vollwertigen Menschen noch in den Kinderschuhen. Erst die Verkündigung des PMS von der Pharmazie-Kanzel hat das Ausmaß der weiblichen Unterlegenheit in den Zeiten der Gleichberechtigung richtig aufgedeckt. Mit PMS ist es ein bißchen wie mit PSI: Man glaubt entweder leidenschaftlich daran oder gar nicht.

Ja, es gibt immer noch sture Weiber, die von PMS nichts an sich verspüren und nichts dagegen schlucken wollen. Dafür haben manche Ärzte eine bezaubernde Erklärung: Denen gebricht es wahrscheinlich an Weiblichkeit.

Ja, aber, höre ich schon die Gegendarstellungen der Pharmaleute: Es sind doch die Frauen – nämlich angeblich zwei Drittel, wiewohl nur drei bis vier Prozent beim Arzt damit vorstellig werden –, die über so was wie PMS klagen! Der Einwand läßt mich kalt. Kartoffelesser gab es in Europa auch erst nach Einführung der Kartoffel. Und wenn man jemandem via Anzeigen nur eindringlich genug versichert, daß «regelmäßig einmal im Monat das große Elend beginnt... sie sind leicht reizbar und fühlen sich niedergeschlagen» ...da möchten viele Frauen vielleicht nicht solch soziale Schweine sein, die ihre Umwelt verpesten durch ein ganz normales weibliches Verhalten an den Tagen vor den Tagen.

Schließlich haben wir doch jetzt eine Palette von Medikamenten, um Frauen während der Regel und vor der Regel auf die Sprünge zum Funktionieren zu helfen. Mal mit Hormonen, mal mit dem Samenöl der Nachtkerze. Bleiben noch zwei Wochen im Monat, wo sie versuchen dürfen, sich ohne Tablettenschluckerei selber durchs Leben zu wursteln. Aber wetten, daß irgendwer schon längst ein Projekt für das postmenstruelle Syndrom auf der Pfanne hat? Gemeint sind damit nicht die Wechseljahre der Frau, übrigens ein besonders ergiebiger Markt für Pillen aller Art.

Nein, es wird irgendwer auch noch entdecken, daß Frauen nicht nur vor und während der Regel, sondern auch danach irgendwie anders sind als Männer.

Daraus wird man erst ein Syndrom destillieren und dann eine Pille. Das wird uns dann endgültig beweisen, daß Frauen prä, post und in der Regel sonderbar und nicht ganz tauglich sind. Damit wäre der Zyklus geschlossen und diese Geschichte auch.

BÜROLUFT

AUS DER UNTERSTEN SCHUBLADE

Über den vom Design bedrohten Privatwinkel im Büro

Wenn ich's recht sehe, in Zeitschriften und Schaufenstern, dann ist wieder ein Stück Intimsphäre in Gefahr. Die besten, teuersten und schicksten Büro-Designer wollen uns unsere Geheimecke rauben: die Krusch-Schublade im Büro. Sie argumentieren wie die Typen im Märchen, welche Hans im Glück Stück für Stück um seinen Besitzstand brachten: Wär's nicht auch fabelhaft für uns, wenn wir künftig so einen hocheleganten Arbeitsplatz, Typ Kommandozentrale, unser eigen nennen dürften? Voller Tasten und Technik, aber ohne Platz, um diskret ein bißchen Privatleben zu bunkern.

Architekten waren's, die uns vor Jahren schon zum gläsernen Bürobürger machen wollten. Damals haben sie uns ausgepflanzt in Schreibtisch-Wüsten, die sie «Großraum» oder Büro-Landschaft nannten. Hatten aber übersehen, daß der deutsche Arbeitnehmer nun mal gern eine solide Wand im Rücken hat, auf der er sich als Sonnyboy (Beweis: 417 Urlaubspostkarten von Kollegen) oder Cartoon-Spezialist internationalen Bürohumors profilieren kann. Er braucht seine Birkenfeige in Hydrokultur, seinen Lindenblüten-Teebeutel und möchte abends seine Papierschere einschließen können. An all dies denken die Designer nie.

Ja, lesen diese hochdekorierten Entwerfer denn keine Klassiker mehr? «Etwas muß der Mensch sein eigen nennen, sonst fängt er an zu morden und zu brennen», schrieb Schiller und roch beim Dichten angeblich immer an einem dekompositären Apfel, den er in seiner Schreibtischschublade verwahrte.

Schiller hätte protestiert, wäre ihm zugemutet worden, womit man uns jetzt die Arbeit erleichtern will: Cockpit-Schreibtische mit versenktem Kabel-Kanal, schwebende Brücken-Eleganz in der

Mitte, so daß jeder Hereingeschneite als erstes unsere ungebügelte Hose, Laufmasche oder knubbeligen Knie sieht. Und weil wir modernen Bürobürger unsere Intelligenz heute entweder im Kopf oder im Computer zu verstauen haben, gibt's kaum Stauraum mehr. Rohrpost-Terminal ja, Bildschirme, na klar, Video sowieso – aber wo bitte ist unsere Krusch-Schublade geblieben?

Leute, ich sage euch, man wird den klobigen Trümmern mit den Kuli-Initialen vom Vorgänger im unnachahmlichen Uringelb von Behördenmöbeln bald nachtrauern wie verheizten Biedermeiersofas!

Natürlich nicht wegen ihrer ästhetischen Reize, unter denen wir oft genug gelitten haben. Sondern wegen ihrer Eigenschaft als Festung und Zuflucht, als Safe für Marotten, der schwieg wie das Grab.

Der Chef, so wird gemunkelt, hat ein Schließfach in der Schweiz – logisch, der lebt ja auch gefährlicher. Wir haben unseren Tresor in der untersten Schreibtischschublade. Eine gemütliche Grauzone besonders für verheiratete, bei den Eltern wohnende oder sonstwie nicht solo lebende Arbeitnehmer.

Vom Lottoschein bis zum schwarzen Spitzenslip, vom Lebenshoroskop zu postlagernd empfangenen Briefen gibt es vieles, was die daheim nicht mitzukriegen brauchen. Es ist nicht leicht, einer Gattin, die schon drei Nouvelle-Cuisine-Kochkurse mitgemacht hat, seine unreformierte Leidenschaft für Erdnußflips oder Mars-Riegel klarzumachen. Wo läßt eine emanzipierte Frau, deren Mann moderne (heißt unstopfbare) Socken trägt, das in einem Anfall von Backfisch-Schwärmerei bestellte Autogrammfoto von Robert Redford? Ein Nähkästchen hat sie schon längst nicht mehr, das vertrüge sich nicht mit ihrem Selbstbild.

Aber sie hatte ihre Kram-Schublade im Büro. Diesen Platz für die läßlichen Sünden. Die keineswegs so kompromittierend sind, daß man dazu den partnerfeindlichen Schritt der Geheimnis-Vorenthaltung durch Anmieten eines Bankfachs machen müßte. Wir wollen schließlich nicht Schwarzgelder oder die Geburtsurkunden verschwiegener Kinder den Blicken von Familienmitgliedern entziehen, sondern bloß eine Papierrose mit Silberglimmer. Die hat uns der Abteilungsleiter X beim Betriebsfest geschossen, und zu mehr ist es wirklich nie gekommen.

Natürlich könnte man auch daheim ein Fach im Wäscheschrank als Souvenir-Sarg einrichten. Aber zu Hause lebt man in echter Partnerschaft (was im Büro nicht immer so ist), und da würde im Namen der Liebe durchdiskutiert, wieso man ein abschließbares Fach braucht: «Hast du kein Vertrauen mehr zu mir?»

Doch, schon. Aber wie soll man jemandem erklären, was man sich selber nicht erklären kann? Zum Beispiel dieses irrationale Zögern der Hand, die besagte Schießbuden-Rose schon zigmal in den Papierkorb werfen wollte. Oder es geht einem wie Friedrich, verheiratet mit einer brillanten Statistikerin; er tut sich eben schwer, daheim seinen Kinderglauben an Preisausschreiben zu offenbaren. Gunhild lebt jetzt mit einem Jazzer und schämt sich einer alten Vorliebe für Leonard Cohen. Aber nur manchmal. Drum sind die Cassetten nicht auf dem Müll, sondern in der Büroschublade gelandet.

In den großen Dingen sind wir ehrlich, in den kleinen fummeln wir gern. Das alles wollen sie uns jetzt nehmen im Namen des Designs und des Fortschritts. Aber ich hoffe, Sie werden erbittert Widerstand leisten und Ihr unmodisches Büromöbel mit der Krusch-Schublade verteidigen. Schließlich wissen wir alle, daß die meisten Trendsetter der Schönen Neuen Bürowelt ihre Geistesblitze mitnichten an der durchgestylten Computer-Zeichenmaschine haben, sondern an einem Wackelpult in der Toskana.

FAHRSTUHL-GESPRÄCHE

Über Leute,
die im selben Boot sitzen
und sich nichts zu sagen haben

Nach ein paar Tagen Abwesenheit ist es immer am auffallendsten: Wir steigen in den Aufzug und sind gestellt wie das Wild in der Falle.

«Wie gut Sie aussehen! Und so braun! Wo waren Sie denn in Urlaub?» Wir beschließen, diesen charmanten Zeitgenossen, der im zweiten Stock irgendwas mit den Akten macht, endlich aus unserem Kurzzeit- ins Langzeitgedächtnis zu befördern.

Die vollautomatischen Türen zischen, Schmeichler ab. Auftritt einer, den wir immer für scharfsichtig hielten. «Mein Gott, wie blaß Sie sind! Und diese Ringe unter den Augen! Waren Sie krank, oder haben Sie Kummer mit dem da oben?» Der aufwärts gerichtete Daumen meint nicht den lieben Gott, sondern nur unseren gemeinsamen Chef. Prompt schießen uns zweierlei Deutungen durch den Kopf: Entweder er hat selber Ärger mit dem da oben und will uns aushorchen. Oder er ist grad Schoßkind und will uns gönnerhaft zu verstehen geben, daß bei Ärger unsererseits er seinerseits hilfreich vermitteln könne.

Vierter Stock. Schwätzer ab; wir ratlos. Unser Spiegelbild im matten Edelstahl gibt keinen Aufschluß darüber, ob wir erholt oder verquält aussehen. Jetzt fehlt nur noch, daß der Gesundheitsfex der Firma zusteigt – entweder mit Gipsfuß oder entschuldbar aktenüberladen – und uns Vorhaltungen macht, wieso wir so frisch aus dem Wochenende die Trimmstrecke zum siebten nicht über die Feuertreppe nehmen.

Dies Malheur wird nur noch übertroffen von der Chance, sich mit dem Chef unter vier Augen in der Fahrstuhlkabine zu finden. Vorgesetzte sind heutzutage ganz verschieden. Man unterscheidet die eisernen Schweiger von den Leutseligen und den bemüht Bedeutsamen. In jedem Fall bereut man seine Stimme bei der Betriebsratswahl, die man der Fraktion gegeben hat, welche die Privilegien des Chef-Aufzugs abschaffte. Es hatte was für sich, als die Bosse noch von EG in die Höhen der Macht durchrauschen konnten (seltsam: ich kenne keine Firma, wo der Chef unten sitzt und die Werktätigen oben), ohne bei konzentriert gesenktem Blick zwangsläufig ihre Maßschuhspitzen (makellos dank Tiefgarage) mit unseren schlammbespritzten Tretern (Angestellten-Parkplatz) vergleichen zu müssen. Auch fühlten wir uns in der feudalistischen Zeit nicht gezwungen, launige Bemerkungen über die neue Pudelfrisur des Hundes vom Chef beziehungsweise der Chefsekretärin zu machen. Beides kann einen teuer zu stehen kommen.

Wir haben Glück. Im fünften steigt nur ein Normkollege zu. «Wie geht's denn so?» Das, Leute, ist ein weites Feld, und selten möchte man es mit Aufzugskollegen beackern. Ein Freund pflegte darauf ebenso stereotyp zu antworten: «Ich kann gar nicht genug klagen.» Richtig darauf vertrauend, daß das Surren und Plingplong des Lifts sowie die Gleichgültigkeit unter der Fassade der Anteilnahme die Silben verschluckte. So amüsierte er sich in neun von zehn Fällen bestens über die rituelle Antwort: «Das freut mich aber.»

Wir weniger Zynischen wenden uns mit einem schlappen «So lala» gequält zur Käfigwand und starren auf die bunten Lichter wie der Automatenspieler auf die Goldene Sieben. Scheiße! Die Kantinenfrau oder der Mann vom Reißwolf haben im Souterrain dazwischengefunkt, so daß wir mit dem Kollegen Heinz eine Ausflugsfahrt unternehmen müssen. Kollege Heinz, dessen Annäherungen so gefürchtet sind, daß bei seinem Platznehmen am Kantinentisch alle anderen dringende Geschäfte vorschützen und ihren Kaffee stehenlassen. Und es kommt, was kommen mußte: Kollege Heinz hat irgendwann im Aufzug gehört, daß unser Schwager in irgendeinem Chor singt, und geht uns jetzt um Freikarten für die Oper an.

Aber der Mann hat auch irgendwo recht. Konversation muß sein. Dies glasige Vor-sich-hin-Starren in alle vier Ecken des Aufzugs oder auf den eigenen Aktenkoffer ist nur nach Jet-Lag erlaubt und somit in Hotelfahrstühlen, wo anstelle der abgeschlafften Passagiere der Boy die Honneurs macht. Wir sind aber nicht im Hotel, sondern in der Firma – oder, noch schlimmer, zu Hause.

Man kann ja nicht nichts sagen, wenn man im selben Boot sitzt. Zwischen dem Mieter vom fünften Stock und uns liegen eigentlich Welten. Wir haben ihn in Verdacht, daß er uns beim Hauswirt anschwärzte wegen des ominösen Flecks auf der Aufzugs-Auslegeware, den er uns oder unserem nicht vorhandenen Hund unterstellte. Wir sind uns ziemlich sicher, daß nur er es gewesen sein konnte, der uns letzten Silvester die Funkstreife ins Haus brachte. Aber genau wissen wir es nicht, und drum sind wir zivilisierte Aufzugspassagiere. «Schönes Wetter heute, nicht?» oder: «Ah, war die Post schon da?» Und hoffentlich fängt der Blödmann jetzt nicht wieder an von unserer zu selten gekehrten Treppe oder dem wider die Hausordnung geparkten Kinderfahrrad. Was hat er überhaupt um diese Uhrzeit im Lift zu suchen? Sonst entschwindet er immer schon um 7.30 Uhr in sein Finanzamt. Zu blöd aber auch, daß wir ihm heute am fortgeschrittenen Morgen mit noch nassen Haaren und einer Flasche Sekt unterm Arm begegnen müssen. Das wird seinen düsteren Phantasien wieder Auftrieb geben...

Ich hasse die Zwangs-Intimität der Fahrstühle mitsamt ihrem leeren Geschwätz. Ich trauere den aussterbenden, menschenfreundlichen Paternostern nach, wo man sich durch einen mutigen Sprung in eine Art Meditationszelle versetzen konnte vor der Konfrontation mit dem Chef oder dem Schicksal namens Behörde.

PINNWAND, SPIEGEL DER ANGESTELLTEN-SEELE

Über den alltäglichen Exhibitionismus im Büro

Große Sorge beschleicht den modernen, liberalen Deutschen vor Datenmißbrauch. Der Gedanke, daß so intime Dinge aus seinem Privatleben wie etwa die Zahl seiner Strafpunkte in Flensburg, die Quadratmeterzahl seines Wohnwagens oder seine besoffene Nacht im Casino de Paris an die Öffentlichkeit dringen könnten, ist ihm ein Greuel. Er findet, daß es keinen was angeht, ob er mit Hund, Katz oder Freundin die Wohnung teilt. Recht so!

Aber warum nur können die meisten Mitmenschen Geheimnisse, die sie keinesfalls einem Volkszählungscomputer anvertrauen möchten, so schlecht für sich behalten, sondern reiben sie in netter Form jedwedem unter die Nase, dem sie an ihrem Arbeitsplatz begegnen?

Ich rede vom liebsten Büromöbel der Angestelltengesellschaft, der Pinnwand. Ob Hugo auf dem Paßamt oder Coco in der Werbeagentur, ob Meister Ede in der Opel-Garage oder Sybil im Außenministerium: Sie alle haben eine. Und als altgedienter Journalist kann ich versichern: Eine Pinnwand sagt meist mehr als tausend Worte. Während wir auf das vernichtende Urteil unseres Finanzbeamten angesichts unserer nach Gutdünken ausgefertigten Steuererklärung warten, lernen wir über den Amtmann aufgrund dessen Pinnwand mehr als der über uns, obwohl wir unser Einkommen auf Heller und Pfennig angegeben haben.

Aha, mit seinem Chef scheint er sich nicht grad gut zu verstehen, sonst hingen da nicht die beiden Klassiker des Bürohumors: «Der Boss hat immer recht!» und die berühmte Radfahrer-Karikatur: Nach oben buckeln, nach unten treten…

Aber Vorsicht, auch seine Kundschaft scheint er nicht ins Herz geschlossen zu haben! Darauf deutet der Aufkleber «Mit jedem Tag mehrt sich zwangsläufig die Zahl derer, die ich in den Arsch treten möchte».

Doch irgendein Herz hat jeder – und da haben wir's auch schon: Steueramtmann Kulke scheint Katzenliebhaber zu sein. Und entweder er oder sein zahnlückiger Sohn (wir sehen ihn mit einer prächtigen Schultüte in der Hand und weinerlichem Gesicht) scheint Briefmarken zu sammeln. Sonst würde auf den Katzen-Postkarten rechts oben nicht immer ein Eck fehlen.

Als je kreativer eine Branche verschrien ist, desto mutiger sind die Selbstentblößungen der Pinnwand-Besitzer. Manche nadeln demonstrativ niederschmetternde Hausmitteilungen und Falschpark-Mandate an, um zu zeigen, wie herzlich gleichgültig ihnen Kritik der Obrigkeit ist. Hier herrscht Männerstolz vor Königsthronen! Manche pappen die Etiketten geleerter Champagnerflaschen gut sichtbar zwischen Telefonliste und Ferienordnung der Bundesländer, um wortlos kundzutun, daß man im Büro vielleicht nur den Erbsenzähler macht, aber im Privatleben… oho!

Jeder kennt den Humoronkel der Firma, dem alle immer Postkarten aus dem Urlaub schicken müssen mit sprechenden Kühen und bärtigen Frauen. Wir kennen erst recht die Kollegen, deren Pinnwand tapeziert ist mit Fotos, die sie bei wichtigen geschäftlichen Verrichtungen mit Höhergestellten oder gar der Prominenz zeigen.

Dankschreiben aus aller Welt sind als Pinnwand-Dekoration nur bei Naivlingen zu finden; der raffiniertere Kollege hortet kritische Zuschriften, die von orthographischen und logischen Fehlern wimmeln. So daß der Besucher gleich merkt: Wer Hans Wilhelm bemäkelt, ist meist nicht ganz richtig im Kopfe. Dutzendware an der deutschen Pinnwand sind der Vorrat von Kantinen-Marken, Fotos von Mann, Frau, Kind und Papagei. Die saukomische Karikatur aus der «Morgenpost». Der entwertete Paß mit den weitgereisten Visa-Stempeln. Das im Schwips auf der Papierserviette vom Steakhouse gegebene Versprechen von Nina, am 1. April mit dem Rauchen aufzuhören. Der Bierdeckel mit dem Eid, bei Kollege Rolf die Patenschaft über noch zu zeugende Zwillinge zu übernehmen. Visitenkarten von Leuten, deren Gesichter den Druntersitzenden längst entfallen sind. Die Treue-Rabattkarte für die Sonnenbank. (Aha, drum ist der immer so braun, obwohl er's kokett auf seine italienische Großmutter schiebt.) Bei Michaela und Annette hängen die längst vergilbten Strickmuster für einen Vamp-Pullover an der Wand, dessen Herstellung über den guten Vorsatz nie hinauskam. Bei Horst das schneidige Foto eines Sportwagens, der inzwischen gar nicht mehr gebaut wird; begrabener Traum seiner Junggesellenzeit... wir wissen schon. Bei Helmut pickt der Cocktail-Rührer aus Plastik mit dem Aufdruck «Hilton Hongkong». Klar, Helmut wäre viel zu vornehm, um mündlich mit seinen Fernreisen der gehobenen Kategorie zu prahlen, die er sich leisten kann, seit seine Frau geerbt hat. Aber als stummen Diener fürs Prestige hat man ja schließlich seine Pinnwand. Welche neutral, doch zum Kommentar einladend, abgesessene Eintrittskarten für Bayreuth oder den Nürburgring, den Wiener Opernball oder die Filmfestspiele von Cannes ausstellt. Es kommt nur aufs Milieu an, ob sich an der Pinnwand der Schnappschuß von der Prunksitzung der Karnevalisten besser macht oder das Händeschütteln mit dem Weihbischof, die Karte fürs Fußball-Länderspiel oder zur Vernissage.

Trotzdem kann man nicht behaupten, daß der Exhibitionismus auf Kork, Styropor oder Magnettafel quer durch alle Schichten gehe. Je höher man klettert in den Etagen der Macht, desto dürrer wird die Preisgabe der Gefühle. Vom leitenden Angestellten aufwärts stehen die Fotos von Frau, Kind und Pudel nämlich silbergerahmt auf dem Schreibtisch. Eine Pinnwand sucht man entweder vergebens, oder sie ist strikt mit Sachlichkeit à la Umsatzkurven behaftet. Nur weiter unten im hierarchischen Gefüge von Behörde oder Konzern wird Menschliches und manchmal allzu Menschliches angstfrei ausgestellt. Weiter oben haben sie Schiß. In diesen Höhen braucht der Mensch schließlich auch sein graues Büro nicht mehr mit aus Illustrierten gerissenen Landschaftsfotos aufzuhübschen. Die Firmenleitung stellt ihm Originalgemälde zur Verfügung. Und die Kunstfotos von Hummer und Spargel, die so häufig die Pinnwände der Werktätigen zieren, welche in der Kantine heute Blutwurst mit Sauerkraut schlucken müssen, braucht der stellvertretende Direktor auch nicht, denn gleich wird er mit dem obersten Chef zum Krebsessen gehen.

PROFILNEUROSEN AUF ANRUFBEANTWORTERN

Über das «Bitte-legen-Sie-nicht-gleich-auf» Syndrom

In Schauspielschulen alten Schlages gehörte es zu den Standardübungen, einem Bügelbrett oder Bürostuhl eine heiße Liebeserklärung zu machen. Vor eine ähnliche Aufgabe gestellt fühlen sich viele moderne Menschen vor der stetig steigenden Zahl von Telefonanrufbeantwortern (fortan TAB genannt). Als vor rund zehn Jahren die ersten TABs im Bekanntenkreis auftauchten, waren sie Statussymbol. Doch zugleich haftete ihnen – genau wie dem Autotelefon – ein Rüchlein von halbseidenem Größenwahn an.

Während das Autotelefon bis heute als exotisch gilt, ist der TAB inzwischen massenhaft im Gebrauch und gesellschaftlich vollkommen akkreditiert. Anerkannt, doch ungeliebt. Wenn das hohle Erlkönig-Pfeifen vom Band ertönt, redet kaum einer so, wie ihm sonst der Schnabel gewachsen ist. Die meisten Anrufer stehen vor dem Gerät innerlich stramm; zwei Drittel aller Botschaften auf jedem beliebigen TAB sind merkwürdig devot: «Ich wollte bloß sagen… nur mitteilen.» Rückruf wird kleinlaut «bei Gelegenheit» erbeten.

Von Firmen, Praxen, Behörden, Kanzleien abgesehen, ist die «Antwort-Maschine» (so die amerikanische Bezeichnung) überwiegend im Lager der Freiberufler zu finden. Das Q vor der Rufnummer im Telefonbuch leisten sich Graphiker und Schauspieler, Callgirls und Gesprächstherapeuten, Versicherungsvertreter und Journalisten. Kurzum, die Leute mit dem kreativen Futterneid und der ewigen Furcht, was zu verpassen.

Am Anfang hielten sich die deutschen TAB-Besitzer fast alle brav an den von der Post empfohlenen Text: «Nennen Sie bitte Namen, Uhrzeit und den Grund Ihres Anrufs!» Das klang harsch, inquisitorisch und kein bißchen kreativ. Folglich haben sich in den letzten

Jahren die Banddurchsagen zu einer flockigen Prosa-Sparte entwikkelt.

Während in den USA verschiedene Werbeagenturen auch Privatleuten einen süffigen TAB-Text maßschneidern, damit der Anrufer an der Strippe bleibt, basteln wir hierzulande noch selber an unserer telefonischen Visitenkarte.

Wie sagt man, daß man's ist, ohne es wirklich zu sein? Das hat uns kein Deutschlehrer beigebracht. «Hier ist die automatische Paula Almqvist...» Quatsch. «Hier ist die Tonbandstimme...» Quatsch, das hört er selber. «Hier ist im Prinzip / eigentlich / normalerweise...» Nichts will gefallen.

Wie sehr man sich auch abmüht mit seinen künftigen Anrufern, es gelingt fast nie, deren Mißtrauen restlos zu zerstreuen.

Mit einer gewissen Berechtigung. Denn wenn die Stimme vom Band ertönt, beweist das ja noch keineswegs, daß der Angerufene nicht seelenruhig danebensitzt. Immer mehr Leute benutzen ihren TAB wie alte Damen ihren Türspion: Wollen erst mal sehen, wer da was von ihnen will. Und falls jemand Lästiges anruft, genießt man das fast obligate Räuspern, das Sich-Absabbeln gegen die Wand der modernen Technik.

Der Verdacht, daß der Angerufene einen womöglich nur genüßlich abhört, erklärt ein TAB-Phänomen: die vielen stummen Stellen auf dem Band. Während zivilisierte Menschen, die andere besuchen und sie nicht antreffen, deswegen nicht gleich gegen die Wohnungstür treten, verdampft am Telefon jeglicher Benimm zu Zorn, wenn statt des Gesprächspartners dessen Konserve antwortet. Zack, den Hörer auf die Gabel geknallt!

Dies nun können TAB-Besitzer auf den Tod nicht leiden. Weswegen sie auf Band alle Register der Überredungskunst ziehen. «Bitte, legen Sie nicht gleich auf...» fleht der eine. «Wenn Sie wüßten, wie deprimierend es ist, ein leeres Band abzuhören...» barmt die andere.

Aber nützen tut's nichts. Was auch wiederum sein Gutes hat. Ist es nicht viel romantischer, die leeren Stellen auf dem Band als stumme Rufe eines echten oder künftigen, jedenfalls schüchternen Liebhabers zu interpretieren, statt zu erfahren, daß es bloß ein Fensterputzer war, der sich verwählt hat?

SAGEN WIR DU ODER SIND WIR SCHICK?

Über eine neudeutsche Teilung der Gesellschaft

Seit einigen Jahren schwelt in Deutschland ein pikanter, kleiner Kulturkampf, der das Land in zwei Parteien spaltet: in die konsequenten Duzer und die eisernen Siezer.

Schon beim banalsten Einkaufsbummel sind wir Kniggeschen Wechselbädern ausgesetzt. Hier «Sie wünschen?» (Kurzwaren, Kaviar, Klopapier, Arzneimittel) und dort «Was willste?» (Jeans, Müsli, Popschallplatten).

Neu daran ist, daß die Grenzen zwischen Du und Sie nicht mehr vom Alter bestimmt werden. Bei den Grünen werden auch Greise geduzt. Andererseits ist es ein Fehlschluß zu glauben, daß das Du für Wildfremde exklusiv zu alternativen Zirkeln gehöre, wie der Erdschuh und der kniekehlenlange Schafwollpullover. Die Entscheidung für den zweiten bzw. vierten Grad der Anrede verläuft im Zickzackkurs durchs Milieu. Das neue Du ist, frischwärts, nicht nur in Bioläden und Discos, bei der Jazzgymnastik und in verschärften Boutiquen beheimatet, sondern zugleich bei den ordinärsten Massenprodukten: «Hol dir die neue...» flötet es aus dem Radio, und Plakatwände fordern schamlos: «Nogger dir einen.»

Wer der Einladung «Komm ins Traumland des Wohnens» folgt, muß sich aber eher auf möblierte Kleinbürgerträume gefaßt machen als auf kühnes Design. Und wird nach der schmusigen Werbung einem gebügelten Verkäufer gegenüberstehen, der sich seine Papiere abholen könnte, wenn der Chef erführe, daß der Substitut den Apotheker unaufgefordert geduzt hat.

Wir Deutschen tun uns bekanntlich gern schwer, so auch bei dieser heimlichen Sprachreform. Das spontane Du vom Klempner empfinden wir als plumpvertraulich, das vom Modefriseur als höhere Weihen. Es ist wie im Kindervers vom armen Hänschen Ärgerlich: Denn was er hat, das will er nicht, und was er will, das kriegt er nicht. Für Lehrer ist es niederschmetternder als eine hinterfotzige Bemerkung vom Schulleiter, wenn sich Oberstufenschüler trotz angebotener geistiger Intimität lieber ans Siezen halten.

«Du» oder «Sie» sind gerade in Zeiten der Etikette-Aufweichung hervorragende Waffen zum gesellschaftlichen Florettfechten. Ein feingestimmtes Barometer für Sympathie und Antipathie, für Ironie und schwer beweisbare Verächtlichmachung. Herabsetzung des anderen funktioniert nicht länger durch imperiales Duzen oder barsche Zurückweisung desselben («Haben wir schon mal zusammen Schweine gehütet?»). Sondern viel subtiler durch beharrliches Siezen.

Früher mal haben wir den Übergang vom Sie zum Du zeremoniell mit einem Kuß besiegelt. Igitt, wie spießig kommt uns das Brüderschaftstrinken heute vor. Wo jetzt bald jeder jeden duzen darf, besinnt sich die Schickeria auf die elitären Freuden des Siezens. Der postmoderne deutsche Star Barbara Sukowa ließ per Illustrierten-Interview die Öffentlichkeit wissen, daß sie selbst mit ihrem langjährigen Lebensgefährten Michael Rehberg stets nur per Sie verkehre. Wollen nur hoffen, daß das gemeinsame Kind beide Elternteile duzen darf, ohne auf altfranzösische Art dafür was hinter die Ohren zu kriegen.

Das augenfälligste Schlachtfeld der deutschen Teilung in Duzer und Siezer sind Freßreportagen, Reiseführer und Urlaubskataloge. Ein Teil der Verfasser hält sich an die Klassik («Wanderer, kommst du nach Sparta...» / «Kennst du das Land, wo die Zitronen blühn...»). Und eröffnet seine Beiträge dementsprechend: «Wenn du nach Ochsenfurt kommst und eine wirklich gute Blutwurst essen willst...» oder so ähnlich. In teureren Publikationen liest man dagegen: «Und sollten Sie keinesfalls versäumen, den exzellenten Hummer zu probieren.»

In Trendbetrieben ist es Mode, miteinander in Mischtechnik zu verkehren. «Reinhold, würden Sie mal eben...» und «Ursula, Sie haben da unwissentlich soeben etwas sehr Wesentliches gesagt». Die angelsächsische Sitte für Arme soll aus der Redaktion der «Zeit» stammen, wird inzwischen aber auch in Werbeagenturen gepflegt und überhaupt dort, wo eine hohe Konzentration von Yuppies herrscht.

Die umgekehrte Melange, in jedem Hamburger Putzgeschwader zu vernehmen, nämlich: «Frau Schmidt, komm doch mal her!», gilt indessen als weniger fein.

Wo Männer ganz unter sich sind, gelten etikettemäßig bewährte Sondersprachregelungen. «Müller, du Schwein» geht auf dem Fußballplatz ebenso in Ordnung wie im Konzern die Exklamation. «Müller, Sie Ignorant.» Nix Herr und keine amerikanische Verzärtelung durch Vornamen in diesen Kreisen.

Selbst auf den fetzigsten feministischen Zusammenkünften wären derlei Grobheiten undenkbar: Frau macht, wenn nötig, andere Frauen nieder – aber immer per Taufnamen.

«Du, sag einfach du zu mir» – so simpel treuherzig geht es eben nur im deutschen Schlager zu.

SEIN ODER DESIGN?

ANGEBEREI, GANZ AKTUELL

Über den schlechten Status von Statussymbolen. Und die Dinge, mit denen man es trotzdem macht

Als Statussymbole werden meist Dinge bezeichnet, die man selbst ganz gern hätte, sich aber nicht leisten kann. Daher der ironische Unterton. Falls wir uns aber das ein oder andere Objekt der Begierde (A wie Armani-Blazer, B wie schwarzer BMW, C wie Cartier-Feuerzeug...) zusammensparen konnten, ist es selbstredend kein Statussymbol mehr; so was haben wir nun wirklich nicht nötig, sondern wir werden ein halbes Dutzend krämerischer Gründe für die Anschaffung finden. So wie der Aphoristiker, der sagte, er sei zu arm, um sich was anderes als das Allerfeinste zu leisten; von wegen der Haltbarkeit...

Tatsächlich sind viele einst sauer ersparte Statussymbole geradezu widerlich durabel. Welcher Snob mag zum Beispiel seinen Burberry-Mantel, den mit dem unverwechselbaren Futter, heute noch mit Freuden tragen, seit das beige-rot-schwarze Karo auch auf Schwiegermutters Schal, Vermieters Jagd-Käppi und als Faltenrock auf den breiten Hüften der ungeliebten Kollegin prangt? Andererseits ist er (der Burberry) noch so tadellos in Schuß, daß Lena ihn in letzter Minute doch immer wieder aus dem Polen-Paket rauszieht.

Zum Glück mehren sich heute allerorten die Leute, die nur ein verächtliches Schnauben für Rolex-Träger übrig haben. Die Jungen und erst recht die Junggebliebenen tragen nämlich Swatch. Freilich mit der gleichen Inbrunst: Ein Wegwerf-Chronometer namens Switch oder Swutch käme ihnen nicht übers Handgelenk.

Außerhalb der Welt der kleinen Banker und «Capital»-Leser hält man heutzutage das YSL auf der Krawatte oder das fett gestanzte A auf dem Aigner-Gürtel lieber bedeckt. Das gute alte Statussymbol droht zu vergreisen; seine Verkalkung begann genaugenommen mit dem Aufkommen der Vokabel «in». Um belehrenden Leserbriefen aus der Szene zuvorzukommen, sei gleich angemerkt, daß das Wörtchen «in» selber schon wieder entsetzlich out ist.

Das alles wär ein Grund zur Freude – wenn es bloß halbwegs stimmte. Doch dieselben Leute, die nur müde Herablassung für die Träger von Dunhill-Aktenkoffern aufbringen, können dabei beobachtet werden, wie sie die schrille Einkaufstüte einer ausgeflippten Boutique immer wieder so pfleglich glattstreichen, als hätten sie nicht noch die Jute von gestern und das Vollrindleder von vorgestern im Schrank.

Zugestanden: Angeben ist heute billiger geworden. Für viele aktuelle Statussymbole braucht man sein Sparkonto nicht mehr zu plündern. Bisweilen genügt schon der drei Tage nicht von der Haut gewaschene Eintrittsstempel von einem Fest mit Gesichtskontrolle. Was dem einen sein Bayreuth, ist dem anderen die Preview-Night im kommunalen Kino. Was dem einen sein Bogner-Ski-Anzug, ist dem anderen die ausgefranste Krawatte, original aus einem 1946er Care-Paket aus Chicago. Wieso herrschen zwischen diesen beiden Parteien eigentlich bis heute Verständigungsschwierigkeiten? Geld oder Beziehungen – im Wunsch nach Ausgrenzung der Unbemittelten ist man sich doch einig.

Das Statussymbol ist beinahe tot; es lebe das «conversation-piece».

Das sind so Sachen zwischen schön und scheußlich, die man am Revers oder der Wohnzimmerwand tragen kann. Sie müssen nur recht undefinierbar sein, was bei der Verkleinerung des Globus durch die Medien und wegen der Umarmung des Lumpenhandels durch Kaufhäuser und Boutiquen immer schwieriger wird. Conversation-pieces sind die schicken Dinge, bei deren Anblick man sich nicht mit einem unsicheren Geschmacksurteil in die Nesseln setzen muß, sondern erst mal auf Zeitgewinn arbeiten darf mit der Frage: «Wo hast 'n das her?»

Selbst auf Reklame-Seiten für Einbauküchen und Hochschränke ist dieser Trend auszumachen. Man weiß oft nicht genau, ist's ein Kunstwerk, ein Walroßzahn oder ein Druckfehler, der über der versenkbaren Nähmaschine glänzt. Wahrscheinlich ein Conversation-piece. Eine wirklich zutreffende Übersetzung dafür will mir nicht einfallen. Obwohl wir durchaus Tradition in der Sache haben: Um die Jahrhundertwende war es gang und gäbe, daß die Verlagsbuchhandlungen gewisse Bücher ausdrücklich empfahlen zum beiläufig-dekorativen Herumliegenlassen auf dem Salontisch. Heute muß man sich dafür schon ein bißchen mehr anstrengen: Aber legen Sie ein isländisches Underground-Magazin neben Ihre Espresso-Maschine, und Sie sind fetzig!

IMAGE BEGINNT AUF DEM FENSTERBRETT

Über Modepflanzen und Pflanzenmode

Um eine Frage drücken Sie sich jetzt schon seit anderthalb Jahren herum», schrieb mir eine treue Zeitgeist-Leserin aus München, «aber ich will es jetzt mal wissen: Haben Sie noch Palmen oder nicht?»

Liebe unbekannte Freundin, schon öfter haben mich Ihre scharfsichtigen Beobachtungen der neudeutschen Gesellschaft zum Lachen oder zum Nachdenken gebracht; so auch diesmal.

Und wahrhaftig, Ihr Instinkt hat Sie mal wieder nicht getrogen: Palmen sind klammheimlich ins Aus geraten – um mal nicht out zu sagen –, Palmen wie die grob gespreizte Phoenix, die genaugenommen immer nur ein Ersatz war für Leute, die sich die elegantere Kentia nicht leisten konnten, und die Kokospalme, die heutzutage aus Massa-Märkten und Ikea-Filialen heimgeschleppt wird. Wobei es nichts macht, wenn die überschwenglichen Käufer zu Hause feststellen müssen, daß die Pflanze mehr Quadratmeter beansprucht, als sie ihren Kindern zugestehen. Es macht nichts, weil Kokospalme und Bananenstaude in deutschen Wohnungen sowieso kein langes Leben haben. Ich rechne auf Ihre Bildung und unterstelle jetzt einfach, daß Sie wissen, daß zum Beispiel die Banane sowenig eine Palme ist wie die Drazenien oder Drachenbäume. Letztere allerdings sind ebenso schwer umzubringen wie die Yuccas.

Warum ekeln wir uns auf einmal vor den Gewächsen, die wir ursprünglich angeschafft haben, um uns als Trendsetter auszuweisen? Wir ekeln uns, weil sie jetzt alle haben. Weil Palmen, international gesehen, zum Alibi schlechter Restaurants verkommen sind, in denen man oft den Verdacht hegt, daß die Pflanzen besser gefüttert werden als die Gäste.

Was bleibt uns, liebe Freundin, die wir den grünen Daumen haben und die Nase immer voll im Trend?

Alpenveilchen sind der Schwiegermuttertrost im ungeheizten Schlafzimmer. Weihnachtskaktus ist eine typische Hausmeisterpflanze. Die Pantoffelblume zählt zu den bescheidenen Freuden für den Pantoffel-Rentner in der feuchten Souterrain-Wohnung, weswegen sie in der Beletage nicht gern gesehen ist. Philodendron ist die Schmuckpflanze der Krankenhäuser und Gesamtschulen.

Sansevierien haben Leute, die sich keine Gardinen leisten können, und die Eckkneipen für Quartalssäufer, da die sparrig-scheußlichen Gewächse alles ertragen, sogar den Mißbrauch als Aschenbecher. Farne – ich weiß nicht recht, finden Sie nicht, daß sie inflationiert wurden durch die Auslagen und Anzeigen-Serien gehobener Badewannenhersteller? Der Bubikopf, auch Hausfrieden genannt, muß damit leben, daß er seit Jahren bei Ronald Reagan auf dem Kaminsims steht, vor dem das Pressecorps immer die Souvenirfotos von Ronnie mit wichtigen Staatsbesuchern schießt.

Buntnessel, Parmaveilchen, Cissus dagegen trifft man eher in Wohnzimmern an, wo auch Schondeckchen gehalten werden. Azaleen sind ein bißchen prätentiös; man sieht sie vor seinem inneren Auge stets in pseudo-antiken Kupferkesseln in Hotelhallen voller falscher Barockmöbel.

Eine Warnung ist angebracht vor der allzu modischen Mode, von der Fuchsie bis zur Geranie, von der Hortensie bis zur Verbene alles auf Stämmchen zu ziehen. Dies wird der letzte Sommer sein, wo so was unter uns Snobs noch schmückt. Ausgenommen natürlich die unabdingbaren Kugellorbeeren und die weißen Margeritenbäumchen, weil Weiß immer vornehm ist. Myrten zum Beispiel sind jetzt ein Geheimtip. Und weil Künstlichkeit so gut kommt, kann ich uneingeschränkt zu Calla und Aronstab raten.

Was das Fleißige Lieschen betrifft – das entspricht doch sicher nicht Ihrem Selbstverständnis? Die Clivia heißt im Volksmund auch Metzgerslilie. Na bitte, das sagt doch schon alles. Und auch eine Schusterpalme werden Sie sich doch wohl nicht auf Ihren italienischen Marmortisch stellen wollen? Andererseits sollte man sich vor Dünkel hüten. Das gute alte kleinbürgerliche Spargelkraut, in Massen über eine Jugendstil-Etagere drapiert, kann sich durchaus wieder sehen lassen. Die fortpflanzungswütige Grünlinie mit ihren drei

Dutzend Kindeln an der Nabelschnur ist bei Massenhaltung präsentabel, obwohl sie der Sansevierie in puncto Masochismus kaum nachsteht. Und die Zimmerlinde feiert gehobene Urständ, obwohl man zu ihrer Haltung eigentlich einen Wintergarten braucht, genau wie für Gardenien und Kamelien, die Armanis unter den Topfpflanzen.

Abraten muß ich von der Birkenfeige und dem Papyrus. Sie sind, in Hydro-Kultur, zum Wahrzeichen der Eingangshallen von Versicherungsgesellschaften und Bankfilialen herabgesunken. Kakteen wirken immer irgendwie geizig. Und über den Gummibaum bräuchten wir eigentlich gar nicht erst zu reden, so festverwurzelt ist sein Erscheinungsbild im Image vom deutschen Spießer vorm Puschen-Kino.

Aber im New-Wave-Milieu liegen die Akzente schon wieder leicht anders. Underground-Fotografen kultivieren mit Fleiß mißhandelte Gummibäume oder mannshohe Kandelaber-Kakteen, über die man ganz lässig beim Heimkommen seine schwarzlederne Motorradjacke schmeißt...

In der Hoffnung, Ihnen gedient zu haben, bleibe ich mit besten Grüßen Ihre Trend-Beraterin in Sachen Zimmerpflanzen.

NEUES VOM SPIESSER

Über alle, jeden und keinen

Was ein Spießer ist, weiß jeder: man selber schon mal nicht. Die Verachtung von Spießern gehört zum guten Ton.

Dabei fällt oft nicht auf, wie die Realität das Klischee überholt. Dem guten alten Spießer mit Bauch und Hosenträgern, Socken in Sandalen, in karierten Hausschuhen vorm Fernseher, mit umhäkelter Klorolle und Autonummerkissen im Rückfenster macht die Boutiquen-Gesellschaft den Garaus – man wird ihn bald unter Artenschutz stellen müssen.

Das Feindbild wackelt, aber wir lassen nicht locker. Weil, wie alles, auch die Maske des Spießers dem Zeitgeist unterworfen ist, hier ein paar Tips zur Enttarnung:

Es ist spießig, jetzt auf einmal Tennis spielen zu lernen und noch dazu zu behaupten, das habe man schon vor Boris Becker gewollt.

Es ist spießig, Soziologendeutsch zu gebrauchen, falls es sich nicht nachweislich um eine Berufskrankheit handelt (über Behinderte lacht man nicht).

Es ist spießig, Szene-Slang zu sprechen, wenn man über vierzig ist.

Es ist spießig, sich einen Neuen Wilden an die Wand zu hängen und insgeheim seinem Impressionisten-Wandkalender nachzutrauern.

Es ist spießig, seine Spießigkeit vertuschen zu wollen.

Die Mischung aus Selbstüberschätzung und Geiz ist schrecklich spießig. Deshalb ist so spießig, sich angetrunken ans Steuer zu setzen, um das Geld fürs Taxi zu sparen.

Es ist spießig, wenn Leute, die nie dort waren, über die Verhältnisse in Nicaragua besser Bescheid wissen als über die sozialen Verhältnisse in ihrem Wohnviertel.

Es ist spießig, über die Schickeria zu lästern und im «Rexrodt» oder «Schumann's» nach einem wiedererkennenden Kopfnicken zu gieren.

Es ist spießig, Austern zu essen, wenn man vor jedem Schlürf innerlich erst bis drei zählen muß.

Es ist spießig, über die Theaterkrise zu reden, obwohl man seit zwei Jahren nicht mehr im Theater war.

Es ist spießig, uninteressante Bücher ins Regal zu stellen, bloß weil das so belesen aussieht, statt sie an Leute zu verschenken, die damit was anfangen können.

Es ist spießig, damit zu prahlen, daß die eigenen Kinder nie fernsehen. Denn entweder ist es eine Lüge oder eine Gnade. Und haben Sie schon mal überlegt, weshalb Waldorf-Schüler, deren Eltern nach Möglichkeit keinen Fernsehapparat besitzen sollen, immer so gern zu Nachbars gehen?

Gewerkschaften sind berühmt spießig, doch nicht Mitglied zu sein ist bekanntlich genauso spießig.

Windsurfen ist so spießig wie Mini-Golf und Club-Méditerranée-Urlaub, so wie alles spießig ist, was nach oben schielt (auf echte Segler, Wellenreiter, Golfer, Abenteurer) und sich mit einer Westentaschen-Spielart begnügt. Das gleiche gilt für Kellerbars, Heimsaunen, Höhensonnen.

Gartenzwerge sind nicht mehr spießig, weil ein echter Spießer heute nicht mehr den Mut hat, etwas dermaßen als spießig Verschrienes aufzustellen. Doch die Nachfolge ist geregelt: römische Statuen, aus Zement gepreßt, unterm Bambusstrauch im nordelbischen Vorgarten.

Blumenvasen im Auto können gar nicht mehr spießig sein, weil praktisch ausgestorben und damit eine scharfe Fünfziger-Jahre-Antiquität.

Es ist ebenso spießig, wenn sich gut verdienende Leute über Paradiesvögel auf Stütze mokieren, wie's spießig ist, wenn Sozialhilfeempfänger gestreßten Berufstätigen «take it easy»-Predigten halten.

Monogramme auf Hemden, Aktenkoffern usw. sind genauso spießig wie Siegelringe bei Herrschaften ohne Wappen und Siegellack. Monogramme verraten entweder Minderwertigkeitskomplexe oder das kindische «Alles meins».

Es ist spießig, die eigenen Eltern spießig zu finden, weil das jeder tut.

Es ist spießig, darüber zu räsonieren, was spießig ist und was nicht.

EINE KRANKHEIT NAMENS NEOPATHIE

Über den Zwang, alles mitmachen zu müssen, und zwar als erster

Die Franzosen, das ist bekannt, sind ein liebenswertes Volk von Hypochondern. Reden mit der gleichen sanft glimmenden Leidenschaft über ihren Gastro-Trakt, ihre Mägen, Milze und Lebern wie die Engländer übers Wetter. Sie haben Europas höchsten Verbrauch an Suppositorien – ohne sich deswegen übrigens so oft krank am Arbeitsplatz zu melden wie die lieben Bundesbürger. Die Franzosen fühlen sich einfach gern ein bißchen angekränkelt, das hat ein Kulturvolk so an sich im Gegensatz zu den Barbaren, n'est-ce pas? So ist es kein Wunder, daß Paris führend ist, wenn es gilt, allerlei zivilisationsbedingte Wehwehchen zu bündeln und das Syndrom mit einem griffigen Namen zu belegen. Das ist nicht nur in der Philosophie so, sondern auch beim gemeinen Konsum-Volk.

Die neuste Krankheit, die die Franzosen unter sich ausgemacht und auch schon flugs beschreibend zwischen zwei Buchdeckel gebracht haben, heißt «Neopathie»: Krank sein nach dem Allerneusten. Neopathie äußert sich in Kaufrausch und Allüren, in dummem Geschwätz und hysterischen Eßgewohnheiten, wie wir gleich sehen werden. Es handelt sich um den Zwang, alles mitmachen zu müssen, und zwar als erster. Der Widerspruch zwischen Nachahmung und erster sein wollen erklärt schon gleich, warum die Krankheit ins Feld schwerst heilbarer Geisteskrankheiten fällt.

Die Franzosen haben den Begriff gemünzt, doch in Wahrheit grassiert die Neopathie rechts des Rheines noch viel heftiger. Denn hierzulande verschärft die mangelnde Einsicht der Erkrankten, daß sie an einer Aufsteiger-Neurose leiden, das Krankheitsbild noch zusätzlich. Die Befallenen in der Bundesrepublik schwören dir Stein und Bein, daß sie nur Trendsetterlein sind.

Was kann denn Sigismund dafür, daß seine Pferdelederschuhe aus New York nun auf einmal auch andere Leute um einen Netto-Wochenlohn bringen, weil sie genau wie er lieber barfuß als ohne Stil durch den Dezembermatsch zum Beaujolais-Nouveau-Ausschank schreiten wollen?

Was kann denn die brünette Sigrid dafür, daß sie im Marilyn Monroe-Gedächtnisjahr Stammkundin beim Hautarzt geworden ist? Wegen der wasserstoffblonden Locken; die müssen jetzt sein, obwohl Sigrid ansonsten ihr Shampoo und ihre Zahnpasta getreulich der jeweiligen «Monitor»-Sendung wechselt. Und als der Dakkel starb, kam selbstverständlich ein Huskie ins Haus.

Neopathisch ist die Verwendung von Parfums, die es im Duty-free-Shop noch nicht verbilligt gibt, und der Einsatz von Taschenrechnern oder Transistorradios, die es vorerst *nur* im Duty-free-Shop von Hongkong gibt.

Untrügliche Anzeichen für Neopathie sind Hausgeburten und Heiraten nicht mehr spießig finden; sind ERFOLG, gern arbeiten, wenig Schlaf brauchen und das berüchtigte «Piloten-Spiel» schon vor zwei Jahren gespielt haben. Sind Gärten ganz in Grün und Weiß und Autos in Dunkelgrau. Vor Farbe schüttelt's den Neopathen selbst in der Kunst – die schwärzlichen Schlieren von Gelatine-Silber-Bildern mag er. Plötzlicher Ekel vor rotem Fleisch ist angesagt und schwarze Spaghetti (für Neo-Azubis wichtig zu wissen: Nur echt geschwärzt mit der Tinte vom Tintenfisch). Und noch mehr Schwarzes: Katholische Privatschulen auch für die Sprößlinge von Heiden-Eltern, die statt Tennis wie Hans und Franz lieber Cricket oder American Football spielen. Ein Hang zur Luxuspapeterie und zu Filofax runden die Fallstudie ab. (Filofax, you know, sind diese schicken Terminkalender, maßgeschneidert für 101 Yuppie-Bedürfnisse.) Und übrigens geht auch unser oberster Vorgesetzter nicht mehr mit Louis-Vuitton-Gepäck auf Reisen, sondern ganz neopathisch mit einem schwarzen abgegrabbelten Pilotenkoffer.

Neopathie ist die Angst, einen Trend zu verpassen, und bisweilen ist die Krankheit sogar gesundheitsförderlich: Denn Neopathie ist's auch, wenn manch verwitterter Eckpfeiler aus «Schumann's» oder anderen Nobel-Bars über Nacht nicht mehr stolz darauf ist, verschiedene Champagner-Marken auseinanderschmecken zu können, sondern mit geschlossenen Augen zwischen Perrier, Spa und San Pellegrino unterscheiden kann. Wenn man nach New Yorker

Vorbild nikotinfrei ist – was ganz was anderes zu sein scheint als Nichtraucher, nämlich Neo-Pathos enthält so wie die Bekanntschaftsanzeigen in der «Zeit», wo dieser Begriff ebenfalls geliebt wird.

Neopathie ist im übrigen nicht auf natürliche Personen beschränkt, sondern ergreift auch die sogenannten juristischen Personen: Neopathie ist's allemal, wenn sich die 1000-Seelen-Gemeinde eine Fußgängerzone anschafft, weil die Kreisstadt auch eine hat. Wenn Niederbräsig dringend ein Wellenbad braucht, weil Oberbräsig auch eins beantragt hat. Wenn A-Hausen und B-Hausen sich aufgrund beamteter Witterung für Trends erbittert darüber streiten, wem das zu schaffende Münchhausen-Festival gebührt: In A soll er mal ein Stündchen geschlafen haben, in B eine Kleinigkeit gegessen.

Ach, das Krankheitsbild der Neopathie ist diffus! Eine klare Diagnose ist derzeit möglich bei all den Infizierten, die ihre sauer ersparte Cartier-Uhr verschämt in die Schublade sperren (obwohl die wahrscheinlich noch länger richtig ticken täte als der Besitzer), weil jetzt unbedingt eine Mondphasenuhr am Schweinslederband her muß oder eine launische Armbanduhr aus den vierziger Jahren. Gut kommt auch eine Swatch-Kollektion, die der Besitzer so gewissenhaft wechselt wie die Unterhose, auf daß er bloß nicht nach gestern riecht.

Neopathie ist, wenn Sie so wollen, ein Jugendlichkeitswahn der Konsumentenseele. Und Neopathie ist nicht zu kurieren, weil sich das Virus ungefähr alle halbe Jahr ändert. Berichterstattung über Neopathie, so mögen abgebrühte Kritiker einwenden, ist letztlich nur eine aufgebrühte Form der aus der Mode gekommenen in & out-Liste. Und wissen Sie was? Da haben Sie recht!

TRENDIES MÖGEN'S SCHWARZ

Über einen Design-Fimmel, der Kasse macht

Amerika sieht neuerdings am liebsten Schwarz: Von der Unterwäsche bis zur Papierserviette, vom Haartrockner bis zur Armbanduhr ist jeder Konsumartikel noch mal so begehrt, wenn er bloß schwarz ist. In allen Großstädten sprießen Boutiquen mit so programmatischen Namen wie «Schwarzmarkt» oder «Fetischismus», die ausschließlich rabenschwarze Möbel, Koffer, Kleider verkaufen.

Die plötzliche Liebe zu Schwarzem gilt als europäisch infiltriert: Die Gedankenfarbe der Existentialisten wurde zuerst bei den Yuppies populär – durch die Wiederentdeckung des Art-deco-Stils mit seinen Schwarzlack-Orgien, durch das Interesse für High-Tech-Design und durch die schnieken Produkte der deutschen Firma Braun, deren mattschwarze Feuerzeuge, Wecker und Taschenrechner in den USA ausgemachte Statussymbole sind. Wie auch der Porsche, von dem bereits jeder fünfte für den amerikanischen Markt schwarz sein muß.

Dem Ästheten ist die schwarze Welle hüben wie drüben nur zu begreiflich: Ein pechschwarzes Telefon ist inzwischen todschick und rührend nostalgisch, weil uns die Post keins mehr gibt. Schwarze Droschken atmen Lebensart, seit unsere Taxler nur diese Vanillepudding-Diesel fahren. Behörden und Großunternehmen neigen nun mal dazu, dem Zeitgeist gehörig hinterherzuhinken: Erst als die kunterbunte Pop-Kultur schon mausetot war, machte die Bundespost ihre Telefone farbig. Vom Plastikeimer bis zur Tulpenzwiebel über Skier bis zur Spülbürste konnte man Allerweltsartikel jahrelang fast nur in Farben kaufen, die einem die Augen brachen. Schlichtes Schwarz war ohne Aufpreis eigentlich nur noch bei Autoreifen, Schallplatten und Leichenwagen erhältlich. Sowie bei

Fotoapparaten. Die gute alte Leica wiederum ist und war dem Liebhaber von New York bis Nürnberg stets interessanter, wenn die blinkenden Metallteile weggeschwärzt waren zum «black body».

Doch die amerikanische Schwarz-Schwärmerei beschränkt sich keineswegs nur auf «die sklavisch schicken Loftbewohner, San Pellegrino-Schlürfer und Möchtegern-Rimbauds» aus Manhattan, wie das Nachrichtenmagazin «Time» verwundert feststellt. «Black is beautiful» gilt auch im Kaufhaus Sears, dem amerikanischen Karstadt, und macht selbst vor der Wohnküche im Mittelwesten nicht halt. Weil auch die traditionelle «Weiße Ware» von der Schwarzmalerei nicht verschont blieb. Konzerne wie General Electric werden der Nachfrage nach stockfinsteren Kühlschränken, Spülmaschinen, Wäschetrocknern kaum Herr.

Schwarze Gedanken überall. Denn, so notiert die ansonsten ziemlich regierungsfreundliche «Time», selbst die neue Pershing II sei dem Trendsetter-Geschmack angepaßt und steht uns mattschwarz ins Haus.

BLEICH IST BEAUTIFUL

Über das Comeback der vornehmen Blässe

Es war – wieder mal – der schlimmste Sommer seit Menschengedenken. Tomaten und die zu Ostern leichtfertig ausgepflanzten Sonnenschirme, die Leute und ihre Laune, die Sommersachen in den Boutiquen und die Saisonkarten an den Kassen der Freibäder schimmelten vor sich hin. Balkonpflanzen und Gartenparties ersoffen, die Biergärten trauerten, die Blattläuse feierten, die Bauern greinten, die Billigflieger gen Süden rieben sich die Hände. Klassische Fronleichnamsthemen wie «Uff – diese Hitze!», auf Vorrat angefertigt, verschwanden in den Redaktionen der Tageszeitungen in der Versenkung, neben dem Nachruf auf den amtierenden Papst, den man auch immer für alle Fälle parat hält. Kurzum: Es war wie immer, bloß schlimmer.

Trotzdem wäre es ganz falsch zu glauben, daß Weltblätter wie zum Beispiel der britische «Observer» eine Trendmeldung nur zwecks Tröstung der Leserschaft zur Titelgeschichte aufbereitet hätten.

Die Zeit war einfach reif, so oder so. Fünzig Jahre sind genug für einen Spleen. Drum lassen Sie sich's gesagt sein: Bräune ist ordinär. Blässe ist schick. Nein, hier spricht nicht der Dermatologe zum wiederholten Mal mit erhobenem Zeigefinger. Daß Sonnenbäder ungesund für die Haut sind, wußten wir längst. Daß sie ungesund fürs Image sind, das ist neu. Führende Visagisten in New York lehnen es bereits ab, gebräunte Damen aufzuschminken. Liegt nicht im Yuppie-Trend, die Faulenzerfarbe im Gesicht. Sieht ja so aus, als hätten die Girls nichts Interessanteres zu tun als Sonnenbäder zu nehmen. Wo's doch im Schatten der Börse so viel spannender ist.

Modell-Agenturen in Paris und London verlosen die Schönen mit dem Drang nach oben schon seit Jahren nach einem strikten Schwarz-Weiß-Schema: Farbige Mannequins sind okay, aber erworbene Bräune ist pfui.

Falls Sie – zu Sonnenbrand neigend, Ihren Geldbeutel auf der Sonnenbank und in der Parfümerie strapazierend – jetzt erleichtert aufatmen, haben Sie sich bißchen zu früh gefreut. Nach übereinstimmender Auskunft der führenden Bleichgesichter aus Film, Fernsehen und Mode ist es mindestens genauso teuer und zeitraubend, die ultramodische Blässe zu erreichen. Starlets baden wieder in Milch; Sommersprossen-Bleichwachs und Präparate gegen Altersflecken gehen bei Drogisten in aufsteigenden Wohnvierteln neuerdings weg wie nichts – an Schickies auf der Suche nach dem aktuellen Mondscheinlook.

Sie glauben immer noch, unbelehrbar, daß dies zwischen Timmendorfer Strand und Traunstein nicht gilt? Dann werde ich Ihnen rasch drei Fangfragen stellen:

Kann man sich einen Peter Handke oder Botho Strauß mit Luis-Trenker-Bräune im Gesicht vorstellen? Eben nicht. Tiefe Blässe suggeriert Geistesarbeit.

Können Sie sich Wim Wenders im Turbo-Bräuner ausmalen und mit verspiegelter Sonnenbrille? Gewiß nicht, denn Kreative lassen an ihre Haut nur die Tresen-Sonne.

Haben Sie Peter Zadek schon mal mit brauner Brust im offenen Hemd gesehen statt quarkbleich überm schwarzen Rolli? Natürlich nicht – siehe oben.

Wir brauchen uns zur Beweisführung gar nicht in der Hochkultur zu tummeln, denn auch Keith Richards, Lou Reed, Madonna oder David Bowie wären imagemäßig erledigt, kämen sie auf einmal so brutzelbraun daher wie ein deutscher Teilnehmer beim Schlagerwettbewerb.

Auch in der Politik sind die Zeichen der Zeit ablesbar. Nie würde Otto Schily es wagen, so braun wie Todenhöfer nach einem seiner Afghanistan-Trips durch Bonn zu laufen. Da hieße es doch gleich: «Ah, diese Grünen, denen die Hängematte näher steht als die Hänge-Registratur!»

Während Studenten früher in den Semesterferien gern den Bademeister machten, kellnern sie heute lieber in Nachtcafés. Während Mädchen noch vor paar Jahren nicht blond und nicht braun genug sein konnten, ist heute der Schwarz-Weiß-Look angesagt. Schwarz mit ein bißchen Dunkelgrau tragen die Königinnen der Nacht; egal, was die Modezeitschriften melden. Schwarz ist ihr Haar dank Polycolor und weiß die Haut. Denn der Vamp, der zum Leidwesen von Müttern, Liebhabern und Vorgesetzten gewaltige Urständ feiert, war und ist traditionell bleich. Als Ahnherrin der neuen Mode darf der Stummfilmstar Theda Bara gelten – die schwarz-weiße Sünde, deren Künstlername ein Anagramm von «Arab Death» (arabischer Tod) vorstellt.

Der Trend zur tiefen Blässe ist – nebenbei gesagt, aber vielleicht in Wahrheit triebfedernd – die neuste, schärfste Waffe der Jugend. Eine Trumpfkarte. Bleich ist beautiful, solange man nichts zu verbergen hat. Die Vierziger mit den Gebrauchsspuren auf der Epidermis mögen sich in die gleichen Schlauchröcke und Hosen quälen wie die Zwanzigjährigen. Dank Diät und Fitness-Studio ist so was machbar. Aber um totenbleich herumzulaufen und trotzdem Applaus zu ernten, muß man schon eine Haut wie Milch und Honig haben. Sonst hilft nur Reispuder.

HEIM & WELT

BITTE ANSCHNALLEN!

Über all das, was eine Flugreise so unvergeßlich macht

Als sogenannter Vielflieger möchte ich Ihnen gern die Vor- und Nachteile des Luftverkehrs gegenüber Straße und Schiene schildern. So vorurteilsfrei wie möglich.

Was ich am Fliegen nicht leiden kann:

■ Passagiere mit schwacher Blase, die sich Fensterplätze geben lassen;

■ Passagiere mit Pocketkamera, die wegen der Beinfreiheit am Gang sitzen, aber dann dauernd den Rhein oder Osnabrück von oben fotografieren müssen;

■ eigentlich jeden Passagier auf dem Mittelsitz, besonders aber die mit den vitalen Ellenbogen;

■ den Mann hinter mir, der seine Schuhe ausgezogen hat und denkt, was man nicht sieht, röche man auch nicht;

■ den Mann neben mir, der sich zwischen Berlin und München viermal kämmt, so daß den Umsitzenden die Schuppen ins Tonicwater fliegen;

■ den Mann vor mir, der seinen Sessel so energisch in Ruhestellung kippt, daß mir der Kaffee über den Rock läuft;

■ den Kaffee der Lufthansa, dessen Rezeptur einer Lobby von Magenärzten in die Tasche zu arbeiten scheint;

■ den Kapitän, der einen mit sonorer Lautsprecherstimme aus dem Nickerchen reißt, um uns in drei Sprachen die Außentemperatur mitzuteilen. So als ob irgend jemand vorhätte, in 8000 Meter Höhe ohne Wintermantel auszusteigen;

■ den Kapitän, der sich für einen Reiseleiter hält und uns aus dem Schlummer weckt, um auf den Kölner Dom hinzuweisen, der sowieso immer nur auf der anderen Flugzeugseite zu sehen ist;

- die technologisch fortgeschrittene Variation des Themas «Fenster auf oder Fenster zu». Im Flugzeug geht's nicht um Fenster, sondern um die Belüftungsdüse, einen Apparat, der zur Herbeiführung von Bindehautentzündung und Stirnhöhlenkatarrh ersonnen wurde;
- wenn die eigene Maschine wegen Nebels nicht starten kann, alle anderen aber doch;
- die trübe Erfahrung, daß Fluggesellschaften erhebliche Verspätungen oder ausgefallene Flüge vorzugsweise erst dann bekanntgeben, wenn man schon eingecheckt hat und der Konkurrenzflieger bzw. der letzte Intercity gerade weg ist;
- die daraus folgende Erfahrung, daß man für die großzügigerweise organisierte Ersatz-Busfahrt ohne Essen, Trinken und Lektüre ein vollbezahltes Flugticket hinlegen muß.

Was ich am Fliegen leiden kann, um einer der beliebten Pro-und-Contra-Listen gerecht zu werden:

- diesen Hauch von Abenteuer. Wenn man in Rom ankommt und der Koffer ist weg mitsamt den feinen Kleidern für die Konferenz. Wenn man seine Seidenstrümpfe und das kleine Schwarze nie wiederkriegt, sondern statt dessen einen Übernachtungsbeutel mit Rasierzeug. Wenn man dazu den Tip erhält, daß man seinen Koffer lieber auf einer innerdeutschen Route hätte klauen lassen sollen, weil dann die Entschädigung höher wäre;
- die neu designten Bestecke der Lufthansa – eine orale Sensation. Führt man den Löffel zum Munde, so wird einem, als schöbe man einen Melonenausstecher oder eine Kürette zwischen Zunge und Gaumen;
- die Erziehung zur Toleranz: Wenn vor unserem Abfertigungsschalter jemand Umbuchungen vornimmt für sämtliche Flüge, die er im Lauf seines Lebens anzutreten gedenkt;
- die menschliche Nähe. Fliegen ist kommunikativ ganz ohne Worte. Die erzwungene Tuchfühlung macht's. Fast so wie in den aus der Mode gekommenen Encounter-Gruppen. Unser Nachbar mag blockiert sein, statt über sein Liebesleben zu sprechen in den Wirtschaftsteil der FAZ vertieft. Das hindert uns nicht, Intimstes über ihn herauszufinden: die Zahl der Borstenhärchen auf seiner Nase etwa und die Zahl seiner Mitesser im Ohr. Es gibt auch Leute mit Mitessern auf der Nase und Borstenhärchen im Ohr. Jedenfalls dür-

fen meines Wissens nicht mal EG-Schlachtviecher so eng gehalten werden wie Flugpassagiere;

- das Sportliche beim Fliegen. Der Kurzstrecken-Sprint zum Paßschalter, wo regelmäßig diejenigen die besten Zeiten bringen, die anschließend am Gepäck-Band auf drei Schrankkoffer warten müssen. Die Catch-as-catch-can-Veranstaltung um den letzten freien Gepäckkarren, wo meist der unverdächtige Außenseiter gewinnt, der nur ein Herrenhandtäschchen und eine Duty-free-Tüte zu transportieren hat.

Abschließend noch eine versöhnliche Bemerkung: Die Klos in Flughäfen und Flugzeugen sind im allgemeinen properer als auf Straße, Schiene oder Helgoland-Fähren. Das Essen ist öfters genießbar, sofern man eine Nagelschere oder ein Schweizer Offiziersmesser mit sich führt, um über die plastikversiegelten Köstlichkeiten wie Dosenmilch, Senf und dehydrierten Puter herzufallen, ohne seinem Nachbarn mit ungelernten Schattenbox-Bewegungen ein blaues Auge zu hauen.

Außerdem … aber ich muß jetzt schließen, sonst krieg ich meinen Flieger nicht mehr.

PFLEGELEICHT IN REIH UND GLIED

Über den verkommenen Gartengeschmack von Züchtern und Zeitgenossen

Die Blumen von den Beeten schauen uns/mit ihren Kinderaugen freundlich an...» schrieb Goethe. Das war einmal. Heutzutage glotzen sie. Gefesselt wie am Marterpfahl blühen wasserköpfige Dahlien und aufgeblasener Rittersporn.

Am Niedergang unserer Gartenkultur ist ausnahmsweise mal nicht der saure Regen schuld. Sondern Züchterehrgeiz und Geschmacklosigkeit.

Das neuzeitliche Selbstgefühl ist laut wie grüne Gladiolen. Wie orange Azaleen, deren penetranter Farbton sonst nur noch auf den Warnwesten der Autobahn-Arbeiter vorkommt. Oder patzig lila wie die Plakate von Frauenbuchläden.

Auch Eduard Mörike ist überholt. «Der Sonnenblume gleich steht mein Gemüte offen.» Das Gemüt des deutschen Vorgartenbesitzers ist der Sonnenblume gegenüber so zugeknöpft wie den Löwenmäulchen, Nelken und Levkojen. Statt dessen will er vor allem haben, was dort nicht hingehört, 1,3 Quadratmeter Schwarzwald, davor ein Bettvorleger Lüneburger Heide. Dazwischen noch ein Hibiskus und ein Teich gezwängt, dessen schwarze Plastikfolie den armseligen Tümpel jahrelang wie eine Fäkaliengrube aussehen läßt.

«Die windeleichten, dichten, losen Blüten», die Hermann Claudius an seinem wilden Rosenbusch liebte, «so voll Licht gesogen, daß es wie Schleier sie umweht, und daß die Nacht in scheuem Bogen am Rosenbusch vorübergeht» – also so eine schlichte Pflanze, die wuchert und unautorisierte Triebe macht, reißt der bundesdeutsche Gartler mit Stumpf und Stiel aus. Um sie durch eine Zuckerhutfichte zu ersetzen, die alle Vorteile einer Plastikblume bietet: bleibt immer gleich akkurat und grün. Und den scheuen Bogen um die

Heckenrosen kann die laue Sommernacht sich sparen, da sei der listig im Cotoneaster versteckte Punktstrahler vor!

Weggezüchtet sind längst die «Pfirsiche mit Streifen, rot und weiß bemalt» aus dem Volkslied, die unvergleichlich intensiver schmeckten als die modernen gelben Riesen. Dafür kriegen wir Äpfel und Birnen vom selben künstlich verzwergten Baum, damit man den Hintern nicht aus der Hollywoodschaukel heben muß, um eine Leiter zu holen. Und genmanipulierte Beerensträucher, deren Früchte wie Himbeeren und Stachelbeeren zugleich munden sollen, tatsächlich aber schmecken wie nasses Kleenex mit Süßstoff.

«Pflegeleicht» und «selbstreinigend», Adjektive aus der Backofen-Reklame, haben mit großem Erfolg Einzug gehalten in die gängigen Pflanzenkataloge und die Gärten. Soll heißen: Keine Geruchsbelästigung durch Rosenduft, keine Verunreinigung durch Blütenblätter.

Gras- und Sandwege sind verdrängt von Waschbeton, einem abscheulichen Material, das aussieht wie versteinerter Hundekuchen.

Aber es liebt der bundesdeutsche Gartenfreund nun mal das Ordentliche, die Habt-acht-Stellung seiner Pflanzen: Forsythien, Tannen, nichtswürdige Polyantha-Rosen sind ihm ans Herz gewachsen, weil sie so schön schnurgerade wachsen.

Es ist, als haben die modernen Gartenbesitzer einen Haß auf die Natur. Denn umgekehrt werden ursprünglich linear wachsende Pflanzen in absurde Schnörkel getrimmt wie die Korkenzieher-Hasel, bei deren Anblick auf einem Quadratmeter Rollrasen das Herz des Garten-Ästheten zusammenzuckt.

«Glocken und Zyanen, Thymian und Mohn. Ach, ein fernes Ahnen hat das Herz davon...» schrieb Josef Weinheber. Die ferne Ahnung wird ironischerweise am ehesten beim teuersten Floristen der Stadt in der Marmor-Passage gleich neben Fiorucci gestillt. Denn dort – und nur noch dort – gibt es neuerdings wieder Feldblumensträuße. Klatschmohn, Kornrade, Grannenhafer und was sonst die Villenbesitzer als Unkraut ausreißen. Der Stengel eine Mark. Wird immer gern genommen, um die gläserne Chefetage modisch menschlich aufzulockern.

KUNST AN DEN WÄNDEN

Über den Streß, das richtige Wohnzimmerbild zu finden

Nennenswerte Zerwürfnisse in Geschmacksfragen hat es zwischen Olivia und Tom nie gegeben. Auch als sie zusammenzogen, blieben sie ein Herz und eine Seele: Sonnenklar, daß so ein schickes Paar fürs Schlafzimmer eine schwarze Futon-Matratze wählte und das Wohnzimmer spärlich, aber edel mit einem schrillen Tupfer möbliert wurde. So weit, so gut. Doch ein halbes Jahr nach dem Einzug kann man sich an der Gretchenfrage nicht mehr vorbeidrücken. Zumal Freunde schon stirnrunzelnd fragen: «Sagt mal, habt ihr gar kein Verhältnis zur Kunst?»

Kurzum, es muß was an die Wände. Aber was bloß? Nie war es schwerer als heute, sich dabei nicht zu blamieren.

Mit Grausen erinnern sich Tom und Olivia der alternativen Kleinbürgerlichkeit ihrer progressiven Eltern, die sich in den sechziger Jahren Setzkästen hielten wie andere Leute Haustiere und die Fächlein mit Pop-Nippes füllten – Armand für Arme, sozusagen.

Restlos gestrig leider auch die spottbillige Lösung des Wandschmuck-Problems aus der WG-Blütezeit: Frank Zappa auf dem Klo und Che Guevara überm Eßtisch. Nein, Plakate trägt man allenfalls noch im Büro. Und Reproduktionen sind so provinziell wie die Sitte, eine Bulette mangels Besserem als «Beefsteak à la Meyer» auszugeben.

Für eine echte Wandaktie – sagen wir mal, einen kleinen, feinen Surrealisten – fehlt Olivia und Tom wie uns allen das Geld. Und auf Dalí-Lithographien mit ihrer wundersamen Vermehrung fallen nur noch aufstrebende Einrichtungshäuser herein. Nein, es sollte schon ein Original sein.

Olivia gibt sich einen Ruck und stellt die Frage, die unter Kulturmenschen so tabu ist, daß selbst Ehepaare nur im Dunkeln drüber reden: «Soll man was drauf erkennen können oder nicht?»

Tom antwortet diplomatisch, es käme ganz drauf an. Auf die allgemeine Ausstrahlung und Farbgebung und so.

Olivia gibt zu bedenken, wie leicht man heutzutage als Kulturbanause verdächtigt wird, falls der Acryl-Schinken farblich allzu gut zum Sofa paßt.

Die Gegenwartskunst macht es dem Schicker-wohnen-Menschen nicht leicht. Seit diese Neuen Wilden nur noch in Fabriketagen hausen, lassen sie jegliche Rücksichtnahme auf die durchschnittliche Zimmerhöhe des zahlenden Publikums vermissen. Wollen, vom Format her, immer gleich unter die Museumskuppel.

Vielleicht, meint Tom, sollte man wieder mal originell sein und sich antizyklisch verhalten. Irgendwas ganz Klassisches als pikanter Gegensatz zur rosa Neonröhre? Seerosen vielleicht oder ein aufgewühltes Meer. Aber sind Blumenbilder nicht mehr was für frustrierte Botschafter-Gattinnen? Und Seestücke machen sich schlecht in Düsseldorf, wenn allgemein bekannt ist, daß der Eigner schon auf einem Rheindampfer seekrank wird. Bilder mit Pferden und Hunden drauf sind immer elegant, werden aber leicht als neureiches Geschiele nach der britischen Gentry verketzert, solange man die Viecher nicht leibhaftig in Hülle und Fülle um sich hat. Wie wär's mit Art-deco-Modeskizzen? Geh mir weg, das hängt doch inzwischen schon in jeder Jersey-Boutique!

Jahrhundertelang gut gefahren ist das Bürgertum mit Stilleben: paar Trauben, Rosen, Karaffen, toter Fasan. Nur kosten solche harmlos dekorativen Bilder, die plausibel über jedem Eßtisch hängen können, inzwischen selbst dann ein Schweinegeld, wenn sie mitnichten von einem frühen Holländer, sondern um die Jahrhundertwende von einem späten Mädchen verfertigt wurden.

Was ist mit Landschaft? Nie verkehrt, nur können einem die Pinien der Toscana oder die Häuser von Mykonos leicht als Ferien-Dia für bessere Leute vergrätzt werden.

Und Erotica sind immer noch problematisch, wenngleich aus ganz anderen Gründen als früher: In jedem Bekanntenkreis gibt es heute diese ätzenden Laienpsychologen, die süffisant das Sprichwort anbringen werden von den Hunden, die bellen, weil sie nicht beißen können.

Das mieseste Bild gewinnt übrigens, wenn der Aufhänger sagen kann, der Künstler sei ein alter Freund oder der Dargestellte ein Familienmitglied. Wer keine Ahnen in Öl hat, kann auf dem Flohmarkt welche adoptieren. (Drum sind selbst gute Heiligenbilder bis heute so billig.) Aber so viel Chuzpe bringt Olivia nicht auf.

Was bleibt für übers Sofa? Op-art, Pop-art und Fotorealismus sind hoffnungslos out und noch zu jung, um wiederentdeckt zu werden. Es läuft halt doch auf was Heftiges hinaus. Graffiti oder solche Zappelmännchen – es muß ja nicht gleich ein echter Penck sein, der Mann hat schließlich 1000 Epigonen.

Und es wäre doch gelacht, wenn Olivia mit ihrem Charme den Türkenjungen von nebenan nicht dazu brächte, sich mal kurz und kreativ mit der Spraydose über die kahle Stelle im Wohnzimmer herzumachen. So haben viele New Yorker Galeristen schließlich auch mal angefangen…

IM GÄSTEBETT

Über lieben Schlafbesuch. Betrachtung aus zwei Perspektiven

Daß Leute mit Zeitgeist ihre Ferien nicht auf Föhr oder Fuerteventura verbringen, ist bekannt. Strandurlaub gilt in der Neon-Szene als gähnend bürgerlich. Aber auch, wer in Paris, New York, London oder der Toscana noch im Hotel wohnt, ist nicht wirklich schick. Die Leute, deren Lebensstil oft beneidet und gern kopiert wird, haben an solchen Plätzen nämlich Freunde. Nein, keinen ausgewanderten Cousin. Sondern den DJ, den Art-Director, den Ausstellungsmacher. Zur Not auch dich.

Bisweilen kommt es freilich vor, daß die Freundschaft den Schlafbesuch nicht überlebt.

Es klingelt, und du siehst deine alten Freunde in der Tür stehen: «Long time, no see.» Auch deine Augen leuchten, aber nur so lange, bis du die zusammengerollte Iso-Matte unter ihrem Arm siehst, was auf Squatterpläne schließen läßt. Sie wollen ja nur ein Eckchen deiner Wohnung, und daß der große Hund dabei ist, der leider gerade furchtbar haart – no problem, sie werden das hinterher alles wieder wegsaugen. Weil du ein höflicher Mensch bist, erstirbt dir das Wörtchen «wann?» auf der Zunge.

Es geht dann alles rasend schnell. Dein alter Calvados hat den Schwund, dein vom Coiffeur persönlich gemixtes Kräutershampoo wird gebraucht, um Angies Angora-Pullover im Bidet zu waschen, und seither ist der Stöpsel verschwunden. Mit den Kratzern auf der neuen Sting-Platte haben deine Gäste garantiert nichts zu tun, und die abgeschlagene Ecke vom Marmortisch – mein Gott, das kann doch schließlich jedem passieren. Deine flauschigen weißen Frotteetücher tragen die Spuren exotischer Haarfärbemittel, und Dietmar hat jetzt eine Punk-Frisur. Der Stadtplan (der fünfte in diesem Jahr) ist weg und der Ausguß in der Küche verstopft mit Haarschnipseln.

Der moderne Schlafbesuch ist autonom und empfindet sich – besonders wenn du im Ausland lebst – als Bereicherung deines tristen Daseins in der Fremde. Er bringt, wie alle, echten deutschen Pumpernickel mit, den du noch nie leiden konntest, und starrt dich ob dieses Geistesblitzes triumphierend an. Damit deine Kinder nicht so alleine sind, hat sich der Besuch die nette Geste ausgedacht, seinen antiautoritär erzogenen Dreijährigen mitzubringen, den er bei seinen Ausgängen vertrauensvoll dir überläßt. Die Güte deines Schlafbesuchs aus der Heimat kennt keine Grenzen, drum schleppen deine Freunde nach Lokalschluß gern neuerworbene Tresenbekanntschaften mit in deine Wohnung, damit du auch mal lockere Einheimische kennenlernst statt immer nur deine faden Kollegen. Die erwähnte Lockerheit besteht entweder darin, daß sie ihre Turnschuhe mit Hundescheiße in den Rillen auf dein Designer-Sofa legen oder indem sie chevaleresk die erste und einzige Blüte deiner Gardenie pflücken und sie dir mit einem schelmenhaften Bückling überreichen, weil doch die Blumengeschäfte zu sind... Ach, ich vergaß noch zu sagen, daß wir ganz besonders folgenden originellen Satz lieben: «Ich wette, ich hab heut nacht mehr von Hamburg/Hongkong/Rom gesehen, als ihr in den zwei Jahren, die ihr hier seid.»

Dann gibt es noch den ausgesprochen bemühten Gast. Er bringt dir Kaffee ans Bett (leider in der für Tee reservierten Kanne) und kocht auch mal. Pst, es wird eine Überraschung, und du darfst dich in der Küche nicht blicken lassen... So sitzt du vor den Fernseher verbannt und ahnst ganz richtig, daß soeben mit dem sündteuren Sabatier-Messer Tomatenmarkbüchsen aufgeknackt werden und dein einziger Kupfertopf auf der falsch angeknipsten Herdplatte durchbrennt. Umgetrieben vom Bedürfnis, dir Gutes zu tun, haben sie – während du auf herzliche Bitten einen Kasten deutsches Bier besorgen mußtest – deine Waschmaschine entkalkt, leider mit dem Himbeeressig aus Frankreich. Dem hilfreichen Gast hast du's auch zu verdanken, wenn am ersten freien Wochenende, beim tiefen Durchatmen nach seiner Abreise, plötzlich gehäuft die Vertreter von Jehovas Zeugen, Blindenseife, Tupperware und Avon-Kosmetik vor deiner Tür stehen.

Spießiges Lamento? Wartet mal, auch umgekehrt wird ein Schuh daraus. Auch du willst oder mußt gelegentlich bei Freunden übernachten. Selbstredend vermeidest du obiges Fehlverhalten. Anders als deine eigenen Schlafbesucher, die als Andenken oft übergebührliche Telefonrechnungen hinterließen, würdest du nie ohne Erlaubnis auswärts anrufen. Folglich drückst du dich stundenlang herum wie mit einem Wind im Bauch und wartest auf die Gelegenheit, beiläufig zu sagen: «Ach, da fällt mir ein, ich müßte eben noch mal schnell nach X telefonieren.» Nur ein Lockruf, wirklich... Aber wie du's auch anstellst, es wird nicht gern gesehen. «Schon *wieder* für dich», sagt die Hausfrau mit beleidigter Miene, und es wundert dich kein bißchen, daß niemand diese Zicke anrufen will. Nach geraumer Bewährung haben sie dir großmütig einen Wohnungsschlüssel anvertraut mit der Ermahnung, ihn nur ja nicht zu verlieren. Als ob das möglich wäre bei diesem Ding mit dem peinlichen, faustgroßen Makramee-Anhänger, der in keine Hosentasche paßt!

So leise wie möglich dreht man den Schlüssel im Schloß – alles vergebens. Sie haben zwar das Licht gelöscht, sind aber noch wach. Lothar sitzt beim geisterhaften Licht der leerflimmernden Fernsehscheibe im Sessel, mit verschränkten Armen, und lauert auf deinen Rapport wie der Beichtvater auf unkeusche Geständnisse.

Ruthchen hat zwar schon geschlafen, kommt aber jetzt im Nachthemd herbei, leidendes Lächeln unter Sandmännchen-Augen, und fragt, ob du zum Frühstück ein Vier-Minuten-Ei oder ein Fünf-Minuten-Ei haben willst. Es liegt dir auf der Zunge, aber du wagst es nicht zu sagen: Du willst nichts weiter, als daß die morgens um acht in ihre Büros gehen und dich ausschlafen lassen.

Aber nein. Ruthchen erklärt dir noch liebevoll und länglich die Bedienung des Radio-Weckers, der Kaffeemaschine, des undichten Duschschlauchs, führt vor, wo Alka-Seltzer, Pflaster, Reserve-Klopapier verwahrt werden, erzählt dir, daß der Briefträger Raimund heißt und morgen der Fensterputzer kommt; dem könntest du netterweise mal Bescheid sagen, daß er die Rahmen immer so luschig putzt. Und ist es dir endlich gelungen, im Gästezimmer ein Auge zuzutun, so naht deine gute Fee Ruthchen noch einmal und bringt dir eine Leselampe, eine erbauliche Kunstzeitschrift oder ein Tellerchen mit Apfelspalten. Daraufhin bist du wieder hellwach und hast Gelegenheit, die Einrichtung des Gästezimmers auf dich wirken zu lassen. Gemeinhin handelt es sich dabei um ein Mausoleum glückloser Hobbies. Du nächtigst zwischen dem Hundekorb des verblichenen Pinschers, Trimm-dich-Gerät und Nähmaschine, Töpferofen und todgeweihten Zimmerpflanzen, Heimcomputer und Encyclopaedia Britannica, beide dick verstaubt. Weil auch die Schwiegereltern manchmal zu Besuch kommen, werden hier überdies die erstaunlichsten Vasen, Wandbehänge, Kameltaschen und sonstige Reise-Mitbringsel toleriert, für die deine Gastgeber sich in ihren eigenen Räumen schämen.

Jetzt wirst du melancholisch, und zwar mit Recht: Alle Fehlkäufe ihres Lebens haben sie hier versammelt – und dich dazwischen gebettet. Das nächste Mal gehst du wieder ins Hotel.

GRATISLEKTÜRE, ABWASCHBAR

Über die Bibel im Hotelwesen

Lieber barfuß als ohne Buch», lautete vor Jahren eine Buchhandelswerbung zur Ferienzeit, und zu den artigeren Spielen der Erwachsenen gehört bis heute die Frage, welche drei Bücher man denn auf die berühmte einsame Insel mitnähme. Im neuen Gewand begegnen wir dieser Frage regelmäßig zum Jahresende in den Feuilletons, wo die bestallten Kritiker gern Titel zum Buch des Jahres küren, von denen selbst unser Buchhändler noch nie was gehört hat. Oder wo sich – auch das ist radikaler Profil-Schick – Kulturpäpste plötzlich zu Simmel bekennen.

Was aber tun, wenn man barfuß (seine Angst vor Fußpilz vergessend) und schlaflos an einem Ort herumtigert, der für Karrieremenschen zur zweiten Heimat geworden ist? Spät in der Nacht sitzen wir auf der Bettkante eines Hilton oder Holiday Inn, eines Sheraton oder Maritim-Hotels und haben nichts zu lesen. Unser Gepäck fliegt wahrscheinlich grad ungebeten nach Oslo oder Oklahoma, dennoch sollten wir nicht klagen. Es ist so gut geheizt, daß die einsame duftlose Rose auf dem Waschtisch müde den Kopf hängen läßt. Die Fluggesellschaft hat uns mit einem schick designten Etui voll Puppen-Zahnpasta, Seife etc. ausgestattet, und auch das Hotel gibt sich Mühe: Die Minibar ist gefüllt, der Video-Apparat würde uns auf Knopfdruck einen James-Bond-Film spielen, es gibt Briefpapier, und wir könnten mehrere Hochglanz-Postillen lesen, in denen immer wieder der Hotelmanager abgebildet ist, wie er grad sehr viel bedeutendere Gäste als uns begrüßt.

Nichts davon lockt uns heut nacht. Allein, ein bißchen tristessegeschwängert, hätten wir jetzt gern ein packendes Buch.

Und das ist seltsam: In Luxushotels bedarf es zur Herbeischaffung eines vierzigjährigen Calvados oder einer zwanzigjährigen Masseuse nur eines Fingerschnippens, und man brät Ihnen auch morgens um drei ein Filet. Aber Bücher haben die nicht. Bis auf das eine.

Bis auf das eine wischfeste kleine blaue. Es ist fast immer da, doch oft entdeckt man es nur durch Zufall. Es liegt nicht beim Werbe-Wust und nicht beim Telefonbuch. Es haust gewöhnlich ganz allein im Unterteil des Nachtschränkchens; jenem Hohlraum, der ursprünglich zur Aufnahme des Nachtgeschirrs gedacht war.

So blättert man wieder mal in der Bibel. Die ist nicht Hotel-Eigentum, wie gleich eingangs zu lesen ist, sondern vom Missionswerk der Gideons spendiert. Man kann als Reisender hinkommen, wo man will, nach Australien oder Alaska, wie im Märchen von Hase und Igel ist das kleine blaue Buch meist schon da. Der Gideon-Verein hat in 137 Ländern der Erde bisher 400 Millionen heilige Schriften verteilt. In der Bundesrepublik, obgleich schon flächendeckend versorgt, gehen jedes Jahr 400000 druckfrische Exemplare unters Volk. 60000 davon in Hotels, der Rest zirkuliert in Schulen, Universitäten, Krankenhäusern und Gefängnissen, wo der Verschleiß höher ist als in den Herbergen.

«Der stille Missionar im Hotelzimmer» (so nennen die Gideons das kleine blaue Buch) wird von den Gästen scheint's mit äußerster Zuvorkommenheit behandelt. Höchst selten, daß er mal entführt wird, so wie leider täglich jede Menge Handtücher.

Herr Fuchs findet das «insgeheim schade». Herr Fuchs steht dem Verein «Verbreitung der Hl. Schrift» vor und teilt sich mit den Gideons die Bestückung deutscher Hotelzimmer mit dem konkurrenzlosen Bestseller der Literaturgeschichte. Bißchen mehr Bibeldiebstahl mit anschließender Reue in Form geläuterter Leserbriefe würde ihm frischen Glauben an die Lebendigkeit des evangelischen Glaubenswerks geben.

Wenn der Hotelgast auscheckt, wird er gefragt: «Hatten Sie was aus der Minibar?» Lieber hätten die Evangelisten Antwort auf die Frage: «Und was haben Sie der Heiligen Schrift entnommen?»

Manchmal gelingt's. Man weiß nicht mehr, ob Anneliese Rothenberger 1986 was aus der Minibar hatte, aber man weiß aufgrund eines Artikels in der FAZ, daß sie sich durch einen «Blick in die Psalmen nachts im Hotel» erfrischte.

Es ist ja auch ein herrliches Buch. Sollte vielleicht noch gesagt sein, daß es auch unter den stillen Missionaren heute solche und solche gibt. Es gibt die Fundis, die glauben, auch ohne Griffiges zum Glauben verführen zu können: Bibel pur.

Und es gibt die Realos aus der Bibelpresse, die sich die Schlagwörter von Zeitnot und Häppchen-Kultur zu Herzen genommen haben. Dieser Typ aus dem Nachtschränkchen gliedert die Heilige Schrift nach den vermuteten Problemen des Reisenden: «Mut bei Furcht» oder «Leitung bei Entscheidungen».

Bei der Entscheidungssuche landet der Arbeitnehmer im Kapitel, wo geschrieben steht, daß Knechte und Diener nicht aufmucken sollen. Kaum die richtige Lektüre für einen Betriebsrat. Aber wahrscheinlich gehen Hoteliers und Gideons gemeinsam davon aus, daß in den 200-Mark-Betten mit der blitzsauberen Heiligen Schrift daneben sowieso mehr Chefs als Angestellte nächtigen.

Herr Löber, Geschäftsführer bei Gideon Deutschland, vertritt die Meinung: «In einem guten Hotel soll auch, was ausliegt, gut und ansehnlich sein.» Drum reisen seine Mitglieder regelmäßig durch die Lande und fragen höflich an der Rezeption: «Dürfen wir noch mal nachlegen?»

So geschehen kürzlich, als 30 Gideon-Mitglieder ihren Urlaub im Kreis Garmisch opferten und dort 5800 stille Missionare in über hundert Hotels und Pensionen als Dauer-Logis einquartierten. Auf fünf bis sieben Jahre schätzt Herr Löber die durchschnittliche Lebenserwartung des Missionars aus Dünndruck-Papier, der den Verein rund fünf Mark kostet und die Hoteliers nur ein Abstauben. Solche Gäste hat man gerne.

Eine leitende Hausdame der Interconti-Hotelkette hegt den Verdacht, daß der stille Missionar in seinem abwaschbaren taubenblauen Jackett von den meisten Leuten gar nicht angerührt wird, denn er liege morgens immer genauso da wie am Abend zuvor. Ihr sei in sechs Jahren housekeeping nix weggekommen, bibelmäßig. Mit allen anderen beweglichen Gegenständen sei das jedoch ganz anders.

Weil aber der Spruch «Vertrauen ist gut, Kontrolle ist besser» nirgends so beherzigt wird wie im Hotelgewerbe, werden auch die scheinbar unberührten stillen Missionare routinemäßig auf Beflekkungen, Eselsohren und etwaige obszöne Tätowierungen am Spaltenrand kontrolliert.

REQUIEM FÜR EIN STÜCKCHEN STOFF

Über das weiße Männertaschentuch und die Lücken, die sein Ersatz hinterläßt

Der Prototyp maß 30 mal 30 Zentimeter, gemacht aus feinstem Linnen, die Säume handrolliert. Das Männertaschentuch war zum Schneuzen viel zu schade, weswegen es im Volksmund auch Schmuseläppchen hieß. Es ragte Tanzstundenjünglingen als gleichschenkliges weißes Dreieck aus der Brusttasche des schlechtsitzenden dunklen Anzugs – dort, wo die Mädchen beim langsamen Walzer den Kopf hinlegten, um sein Herzklopfen zu genießen plus den mit Vorbedacht angebrachten Spritzer «Russisch Leder» oder «Irisch Moos». Vor meiner Zeit wurde auf den Tanzböden statt Rasierwasser lieber ein Tropfen Benzin aufs Taschentuch geträufelt: In den fünfziger Jahren sollte dies das Selektionsvermögen der Damen zugunsten eines scheinbar motorisierten Kavaliers beeinflussen.

Das Schmuseläppchen war auch ein sanftes Behältnis für delikate Corpora delicti: Ins weiße Männertaschentuch wurden Reue-, Scham- und Eifersuchtstränen mitsamt der damals noch nicht wasserfesten schwarzen Wimperntusche geweint. Es wurde im Falle schnüffelnder Mütter und erst recht später bei außerehelichen Amouren zum Wegwischen des Lippenstifts verwandt, damit der Hemdkragen rein bliebe. Es diente als Zwischenlager für Trophäen: für eine Locke von deinem Haar, eine glückbringende Wimper, ein Kräuselchen Schamhaar oder zu welchem Fetischismus Verliebte halt so fähig sind.

Umgekehrt war das Männertaschentuch selber Trophäe in dieser schönen Zeit: Mädchen ergatterten es unter dem Vorwand, sich den Schweiß vom Twist von der Stirn wischen zu müssen, es wurde prinzipiell mit Verschwörergeste unterm Tisch gereicht. Und natürlich nicht gewaschen und gebügelt zurückgegeben, sondern entweder als Reliquie ins Tagebuch gelegt oder der neidischen Freundin unter die Nase gehalten.

Das textile Männertaschentuch erfüllte aber auch jenseits der Teenager-Brunft hervorragende Funktionen: An allen vier Ecken geknotet, deckte es Studienrats Glatze bei der Nilreise. Opa im Kurswagen nach Baden-Baden winkte damit seinen Enkeln auf dem Bahnsteig zu. Beim Ende des Zweiten Weltkriegs war ein feingeplättetes Männertaschentuch vielerorts die einzige weiße Flagge, welche die ausgepowerte Bevölkerung zum Hissen hatte. In Streifen gerissen, ward es zum Abbinder im Erste-Hilfe-Kursus.

Mit Eiswürfeln gefüllt, linderte es Vaters Kater nach dem Faschingsfest. Bankräuber banden es vor Mund und Nase, was manierlicher aussah als die gräßlichen Strumpfmasken, die durch Aussterben der Männertaschentücher in Mode kamen. In amerikanischen Gangsterfilmen wurde damit dem Gegner das Maul gestopft.

Überhaupt hätten Kilometer von Kinofilm ohne das Männertaschentuch nicht gedreht werden können: Kann man sich Garbo-Tränen vorstellen, getrocknet von weißer Ware aus Zellulose? Würden sich spionierende Kinoschurken trauen, die kostbaren Mikrofilme in einem Papiertaschentuch im Wasserbehälter des Herrenklos zu versenken? Könnte man einen Humphrey Bogart lieben, der auf dem Höhepunkt eine Schachtel mit Papiertüchern aus der Trenchcoat-Tasche zieht? Gar nicht zu reden von der Kulturgeschichte der Erotik, wo die schönen, stolzen Fräuleins ein spitzengesäumtes Tüchlein auf den Boulevard fallen ließen, damit einer errötend ihren Spuren folgte.

Vergessene Künste. Wir schnauben in Papier und haben nichts mehr zum Fallenlassen. Alles astrein hygienisch. Und liebestötend. Ich kenne keinen lächerlicheren Anblick als einen Mann, der von Liebe spricht mit einer Tempo-Fluse im modischen Drei-Tage-Stoppelbart.

Und täglich weinen tausend deutsche Frauen Zornestränen, weil ihr Liebster schon wieder ein verknülltes Papiertaschentuch in seinen Jeans gelassen hat, welches die ganze Buntwäsche verfusselt. Und es gibt im ganzen Haushalt kein weißlinnenes, lavendelduftendes, handrolliertes Männertaschentuch, in das man seinen Frust hineinweinen könnte.

VON MÄNNERN UND FRAUEN

NEUE MÄNNER KRIEGT DAS LAND

Über den Versuch der Veredelungsbranche, Männer auf Kosten der Frauen aufzupolleren

Männer. Im Übermaß vorhanden, doch zu selten in der Ausführung, die Frauen sich wünschen.

Was Frauen wirklich wollen, hat immer nur die freie Wirtschaft gewußt: Erst waren's Kühlschränke und Waschmaschinen («Bauknecht weiß, was Frauen wünschen»). Von diesem Mutti-Image sind wir runter. Jetzt spricht die «Platin Gilde International» die geheimen Sehnsüchte der Frauen aus: «Sie wünschen sich einen modisch gekleideten Partner. Sie schenken ihm ein diskretes Herrenparfum. Sie raten ihm zu einer pfiffigeren Frisur. Und Sie würden sich genauso freuen, wenn er sich ein schickes Schmuckstück zulegte. Warum sagen Sie es ihm nicht öfter mal? Oder kaufen es ihm gar?»

Ja, das kann man sich natürlich fragen. An so was Trivialem wie Geld liegt es nach Ansicht der Platin-Gilde aber nicht: «Zugegeben, es verlangt Geschmack und Stilgefühl, um einen Mann richtig zu schmücken. Aber es gibt ihn, den männlichen Schmuck, der Ihrem Partner steht und der seinem Wesen entspricht.»

Wie sollen wir das verstehen, Frau Roswitha Affemann von der Pressestelle der Platin-Gilde? Daß wir Frauen bei genügend Liebe im Herzen allemal mehr Geschmack und Stilgefühl zusammenkratzen können als ein Mann? Oder warum legen Sie mir seine Ausstaffierung so nahe?

Andererseits wundere ich mich, woher Sie wissen wollen, was seinem Wesen entspricht. Ich bin mir da selbst nach zehnjähriger Ehe noch nicht so sicher. Gehe ich richtig in der Annahme, liebe Schwester, daß Ihr Text ein Beitrag zur Emanzipation sein soll?

Seit man bei Tiffany und Cartier herausgefunden hat, daß

20 Prozent der Schecks in der Ladenkasse eine weibliche Unterschrift tragen, muß doch bei uns was zu holen sein. Und so wie diese knallharten amerikanischen Karrierefrauen, die sich ihren Schmuck selber kaufen, wollen wir doch nicht werden, gell?

Der schönste Schmuck für eine Frau ist eben immer noch der interessante Mann, und wenn's an Interessantheit mangelt, hilft ein bißchen Platin nach: «Sein kühles Weiß kommt dem männlichen Schmuckverständnis ebenso entgegen wie die strafferen Designformen...» Das war jetzt aber ein Eigentor, Frau Roswitha! Er cool und straff, wir weich und wabbelig? Muß man ihm deshalb öfter mal was aus Platin schenken?

Nein, ein Brilli tut's auch. Ich übergebe das Mikrophon jetzt an Frau Cornelia Kögel vom Diamant Informations-Dienst. «Der große Hit in diesem Jahr: Diamanten für Männer. Die Gentlemen haben Mut zu Schmuck gefaßt und liebäugeln mit Diamanten.» Da sie vorerst nur liebäugeln, sehe ich auch hier wieder größere Kosten auf uns Frauen zukommen; schließlich steht Weihnachten vor der Tür, und wer will dann keinen mutigen Gentleman sein eigen nennen...

Wer übrigens sind die unerschrockenen Hitmacher, die die Grenze von Begehrlichkeit zu Besitz schon überschritten haben? Es sind die Gentlemen «Fußballstar Karl-Heinz Rummenigge, Wetterplauderer Elmar Gunsch». Seit die sich «öffentlich zu Diamantschmuck bekannten», kaufen «mehr Männer ungeniert Kleinigkeiten aus Edelmetall und geschliffenen Steinen». Und warum? Es ist die «kurzum typisch männliche Möglichkeit, sich selbstbewußt darzustellen».

Daß Männer ungeniert, typisch männlich, kurzum und selbstbewußt sein können, ist nun wirklich nichts Neues, Frau Kögel! Aber falls wir deutschen Gretchen noch spießig das Haushaltsportemonnaie umklammern, weisen Sie uns den Weg in die Internationalität: Schon «20 Prozent der Nordamerikaner wollen ihrer Umwelt mit Diamantschmuck zeigen, daß sie erfolgreich sind». Wollen ist gut. Aber gelingt es auch? Wer zahlt? Und sind die kanadischen Holzfäller mitgerechnet? Ich hätte da noch so viele Fragen. Aber die Zeit drängt. Ich muß Kohle machen, um meinen Liebsten international wettbewerbsfähig zu halten.

Sogar aus Wilhelmshaven warnt es schon: «Unser Mann von heute geht keinesfalls ohne seinen Smoking auf Reisen.» Mit den wohlfeilen SOS Geschenken (Schlips, Oberhemd, Schallplatte) ist es also vorbei. Begründung der Bekleidungsfirma Masterhand: «Woche für Woche erleben wir via Fernsehschirm in Denver, Dallas oder Miami: Gesellschaftskleidung gehört zum guten Ton.» Ich habe J. R. und die Rauschgift-Kings zwar bisher für Arschlöcher gehalten statt für Benimm-Experten. So kann man sich irren in den modernen Männern. Sie sind eben widersprüchlich. Denn: «Heute ist der gepflegte Mann selbstbewußt genug, um aktiv etwas gegen die unbarmherzigen Verräter des Alters zu unternehmen.»

Die unbarmherzigen Verräter sind Falten im männlichen Antlitz, wogegen sich der gepflegt Selbstbewußte mit G-Man wehrt. Dieser G-Man ist weder ein He-Man noch ein Gun-Man, und er trägt auch keinen G-String, doch das alles kann aus ihm vielleicht noch werden, falls er die Kosmetik-Serie aus dem Haus Juvena kauft. Denn durch G-Man werden «müde Zellen wieder auf Hochtouren gebracht». Welche Zellen? Die kleinen grauen? Das wäre fein. Aber nein, es handelt sich um ein Produkt «für den modernen, engagierten Mann, der sich auch in der Gesichtspflege auf das für den Erfolg Wesentliche beschränken möchte». Aber wissen Sie was, Frau Juvena? Genau das können Frauen weder im Bett noch im Büro leiden!

Alles schön und gut und teuer. Nur uns hilft da nix. Denn was wir Durchschnittsfrauen wirklich wollen, hat Marlene Dietrich schon vor mehr als fünfzig Jahren ganz ohne Marktanalysen bezüglich Kragen-Pin aus Platin, diamantbesetztem Pfeifenstopfer und Verjüngungskosmetik herausgefunden: «Einen Mann, einen Mann, einen richtigen Mann.»

FRAUEN ODER DIE LIEBE ZUM BUMERANG

Über die grassierenden Doppelnamen und ihre Botschaft

Freunde von uns heiraten. Ganz modern natürlich. Also nicht in der Kirche. Und in lässigen Klamotten. Nee, so viel Stil hat man schon, daß man nicht mit Brautschleier und Myrtenkranz daherkommt à la unbefleckte Jungfrau, wo doch alle wissen, daß Harald und Gabriele seit mindestens drei Jahren zusammenleben. Ganz abgesehen davon, daß es sich bei steigendem Lebensalter der Hochzeiter nach der Wahrscheinlichkeitsrechnung häufig um eine Zweit- oder Dritthochzeit handelt. Denn gerade Geschiedene, auch das lehrt die Statistik, kehren besonders gern an den Ort der Verletzung, sprich in den Hafen der Ehe, zurück.

Aber weil man ja trotzdem was draus gelernt hat: Diesmal ganz cool, Baby! Wir schmeißen einfach eine granatenmäßige Fete für unsere Freunde, und das war's dann. Obwohl es eigentlich spießig ist, sich für den Gang zum Standesamt zu entschuldigen, träufeln die Argumente den Brautleuten nur so von den Lippen: Wegen der Steuer heiraten sie oder wegen der Kinder (vorhanden oder erst geplant). Weil die Eltern es gern wollen (und dann auch zwei Bausparbriefe rausrücken) oder weil man alles mal probiert haben muß oder weil man sowieso schon lange wie ein altes Ehepaar lebt.

Wie und warum auch immer: Betont lässig wird man also angehen, was Hausmütterchen-Zeitschriften einst und jetzt «den schönsten Tag im Leben einer Frau» nannten. Pah, wo sind wir denn? Brauchtum ist uns zwar neuerdings wieder lieb und wert, aber die Sache mit den Eheringen hat was Reaktionäres. Selbst Frauen, die der Feminismus nur gestreift hat wie ein Hauch aus fernen Landen, gehen heutzutage lieber ohne. Beringt wie im Hühnerhof mit dem Zeichen des Eigentümers, in der Wolle gebrandmarkt wie ein Schaf kämen sie sich vor, trügen sie fortan einen Trauring statt des modischen Tagesgerichts der Juweliere. Nein, wirklich: Dies Auftrumpfen, eine verheiratete Frau zu sein; ehrbar gemacht worden zu sein vor Spießern und Behörden, das hat man nun wirklich nicht nötig!

Aber seltsam, wie Frauen nun mal sind, ist mir in den letzten Jahren auch keine untergekommen, die das angeblich nebensächliche Faktum ihrer Heirat schweigend übergangen hätte. Go, tell it from the montains: Im Gegensatz zu früher posaunen Ehefrauen ihren Zivilstand durch die Gegend. Weder Freund noch Feind werden im unklaren gelassen. Und das alles im Namen des Fortschritts. Uschi, Mareile und Dorothea führen jetzt nämlich einen Doppelnamen. Das ist seit einigen Jahren der letzte Schrei für emanzipierte Ehefrauen, die sich nie entblöden würden, mit einem Trauring herumzulaufen. Aber irgendwie soll's die Welt schon mitkriegen, gell?

Und im Unterschied zum schlichten Goldreif am rechten Ringfinger (den man früher bei Woolworth wohlfeil als sog. «Hotelring» erstehen konnte) ist so ein Doppelname quasi fälschungssicher.

Der Doppelname verkündet marktschreierisch in alle Lande, daß auch die zähe Regierungsrätin jetzt einen hat, der sie gefreit hat. Und sollte das Privatglück nicht vorhalten, so beweist der Doppelname über die Scheidung hinaus, daß Frau Kiefer-Bodenheim zumindest mal einen hatte, der ihr Liebe bis ans Lebensende schwor. Der gute alte Ehering ist, verglichen mit dem modischen Doppelnamen, ein minderwertiges Statussymbol: Man pflegt den Ring schließlich abzugeben bei der Trennung.

Meine lieben Leserinnen, die ihr mir jetzt vielleicht Frauenfeindlichkeit unterstellt: Ich kenne selbstverständlich auch all die wackeren Argumente für den Doppelnamen der Frau. Ob sie nun Wulf-Mathies heißt oder Stadler-Euler oder gar jedes Formular sprengt wie die Inhaberin eines Tripelnamens von der Sorte Ganslein-Müller-Westhoff.

Bindestrich-Namen sind in, und was konnte denn Gabriele-Marie Ganslein dafür, daß sie sich ausgerechnet in Harald verliebte, der seinen allerweltlichen Popel-Namen Müller seinerseits schon durch den Geburtsnamen seiner Mutter oder deren Heimatdorf veredelt hatte? Viel Name, viel Ehr, lautet die Devise bei den Jetsettern.

Jahrelang ist unser Freund Harald vor Scham bald im Erdboden verschwunden, wenn man ihn nach seinem zweiten Taufnamen fragte. Adolf, haha, Adolf! Inzwischen hat er amerikanische Ge-

«Wer die Welt vernünftig ansieht…

…den sieht auch sie vernünftig an. Beides ist in Wechselbestimmung.» – Hegel in seinen Vorlesungen über die Philosophie der Geschichte.

Vernünftige Wechselbeziehungen sind das Erfolgsrezept für die meisten Bereiche unseres Lebens – nicht zuletzt auch für das Anlegen von Geld.

schäftspartner und den internationalen Schick des «middle-name» entdeckt. Jedenfalls steht jetzt überall Harald A. Müller-Westhoff.

Wie gesagt: Ich kenne die Argumente der Doppelnamen-Damen in- und auswendig. Und halte sie für Bläh-Ton. Ach, das gestanden weibliche Prinzip, seine Identität nicht aufzugeben, bloß weil man diesen Mann heiratet. Ja, aber warum ihn dann überhaupt ehelichen und seinen Namen adoptieren?

Und dann die scheinbar überlegen rationalen Begründungen: Frau Roswitha-Elvira von Hutmacher-Schlock war halt schon wer unter ihrem Mädchennamen und möchte an diese Tradition anknüpfen; auf ihren beruflichen Marktwert nicht verzichten. Gut gebrüllt, Löwin – aber welche Komplexe reiten dich, daß du befürchtest, sie lassen dich fallen wie eine heiße Kartoffel, wenn du künftig gleich gute Arbeit unter einem angeheirateten Namen leistest?

Oder, noch besser, wie wär's denn, wenn du gleich bei deinem Mädchennamen bleibst?

Es ist grauenvoll: Die Inhaltsverzeichnisse gelehrter (Rednerverzeichnisse auf Hochschultagungen) wie trivialer Druckerzeugnisse (betriebliche Telefonlisten) werden immer aufgeschwemmter. Die Schwellkörper sind die emanzipierten Frauen mit ihren Rattenschwanz-Namen. Ja, klar, in anderen Ländern ist das auch so, und zwar schon immer. Aber Rodriguez y Silva de los Santos klingt eben auch besser als die Imitation Kuffel-Neubert.

Bei uns ist der Doppelname der Frau Ausweis von Emanzipation und Kleinbürgerlichkeit zugleich. Seht her, ich bin's: Tüchtig und verheiratet zugleich. Hat eine gute Frau das nötig? Nie hat sich Brigitte Bardot Frau Bardot-Sachs genannt, nie hat Jane Fonda darauf bestanden, als Missis Fonda-Hayden im Vorspann ihrer Filme aufzutauchen.

Muß denn bei uns Unberühmten dringend jeder erfahren, daß wir einen haben? Ich höre schon die lahme Widerrede: Ja, aber das Gesetz will es nun mal so.

Dem Gesetz ist es in Wahrheit herzlich Wurscht, wie eine durchs Leben geht, was sie sich auf ihre Visitenkarte schreibt, an die Tür oder ins Telefonbuch.

SO KANNST DU DOCH NICHT RUMLAUFEN

Über die weibliche Sitte, aus Männern was zu machen

Allen Gründlern in der Psyche des Mannes ist der Pygmalion-Komplex ein Begriff. Selbst wer die Ovidsche Erzählung vom König von Kypros, der sich in das selbstgeschaffene Standbild einer bildschönen Jungfrau verliebte, nie gelesen hat, weiß gewöhnlich Bescheid. Spätestens seit dem Musical «My fair Lady», wo Professor Higgins das äußerlich ordinäre, aber innerlich wertvolle Blumenmädchen Eliza zum Geschöpf seiner Träume zurechtbiegt. Das Musical basiert auf einer Shaw-Komödie, und vom Pygmalion-Effekt sprach man bislang, wenn ein feiner Herr ein ungeschliffenes Mädchen liebend in seine manikürten Hände nahm, um es zu formen nach seinen Wünschen.

Obwohl George Bernard Shaw bis 1950 lebte und auch einen «Wegweiser für die intelligente Frau zu Sozialismus und Kapitalismus» verfaßte, hatte er von Emanzipation noch keine rechte Vorstellung. Sonst hätte er «Pygmalion» so nicht geschrieben!

Vorurteilsfreie Umschau in unseren Tagen bringt nämlich die Symptome der Pygmalionschen Bastelkrankheit am Image des anderen viel häufiger beim weiblichen Geschlecht zum Vorschein. Da es die Wissenschaft bislang versäumte, auf dies Phänomen einzugehen, müssen wir es hier tun.

«Kannst du mir mal sagen, warum Frauen ihre Männer immer erst mal total ummodeln, kaum daß es mit den beiden was Festes ist?» So fragte mich kürzlich meine Kollegin Karin auf dem Flur und sandte dem Mitarbeiter Rainer einen vielsagenden Blick nach. «Nicht nur die Haare. Nicht nur das neue Sakko, für das seine Beine viel zu kurz sind. Ich wette, der muß jetzt auch Boxer Shorts anziehen.»

Die Frau hat völlig recht. Ich meine: Karin.

Die Liebe ist eine Himmelsmacht und scheint auch einen Kosmetiksalon zu unterhalten. Vormalig verschämte Toupetträger werden zu Radical-Chic-Glatzköpfen. Holger mit den linealgezogenen Schnittlauchsträhnen hat jetzt einen schaumigen Dauerwellkopf. Der letzte Langhaarträger im Bekanntenkreis begrüßt uns seit seiner schicksalhaften Begegnung mit Silvia als Stiftenkopf. Aus Bartträgern werden Babyfaces, aus Glattrasierten kurz nach dem Zusammenschmeißen der Möbel Schnurrbärtler.

Besonders hart trifft es die Krankenkassen: Nicht nur, weil junge Liebe oftmals neue Jacketkronen will. Auch Brillenträger verursachen kurz nach Eingehen einer neuen Bindung mit ziemlicher Sicherheit erhöhte Kosten. Die Lakritzbrille à la Kohl aus Pfälzer Tagen muß endlich weg zugunsten einer runden Blümschen Nickelsache. Wer vorher randlos trug, kriegt jetzt ein rubinrotes Wim-Wenders-Gestell oder Kontaktlinsen. Und umgekehrt.

Warum das so ist? Als Motiv ist postume Eifersucht am plausibelsten. Seine alte Liebe hatte ihn mit Cordhosen und Rollkragenpullovern ausgestattet. Da bitten wir doch sehr und verlangen zartgestreifte Hemden als Kontrastprogramm und Liebesbeweis. Hatte er in seiner letzten Beziehung einen Kamelhaarmantel an, so hätten wir jetzt lieber eine ruppige Lederjacke. Und wenn, Ehrenwort, postume Eifersucht nicht Sache ist, dann mag auch sein, daß man in unserem Bekanntenkreis so was grad nicht mehr trägt. Und die Leute sollen schließlich nicht denken, daß unser Neuer so konservativ oder proletarisch ist, wie er aussieht.

Die fast rituelle Einkleidung des neuen Liebhabers ist natürlich, wie die Juristen sagen würden, ein untauglicher Versuch am untauglichen Objekt.

Was man ja eigentlich ändern möchte, sind nicht die Socken, sondern ist der Mann. Beziehungsweise die Einflüsse, denen er vordem hingegeben war. Mitleidige Blicke befreundeter Damen treffen die neue Freundin von Wölfchen: Der trägt selbst auf dem Sektempfang immer noch denselben Homespun-Pullover wie schon vor zehn Jahren auf der Fête nach der Gorleben-Demo. Der Mann muß aus Granit sein. Arme Ines. Männer hingegen kriegen beim Anblick von Wölfchens Kutte einen nostalgischen Glitzer in die Augen: So waren sie auch mal. Wo, wann, wie in ihrer Biographie ist der Flanell über sie gekommen?

Männer, die – Mode hin, Mode her – stets Jeans tragen, pflegen sich der eleganten Frau gegenüber am widerborstigsten zu zeigen. Da gelingt es oft nur, und das ist mächtig schick, einen Kaschmir-Blazer als Mäntelchen des Einflusses drüberzuhängen. Andererseits trifft den verschworenen Jeansträger der mehrheitliche Wille der Frauen zu einem Mann in Boxer-Shorts am unbequemsten. Denn die modisch männliche U-Hose muß quasi sorgsam gefältelt werden, ehe sie spurlos unter eine Levis 505 paßt.

Trotzdem: Ärmer dran sind die in der Wolle gefärbten Konservativen, wenn sie in die Hände einer schicken Frau fallen. Jürgen hat einfach nicht gelernt, sich den Zweimeterschal nonchalant umzuwerfen, ohne die Gläser vom Tisch zu fegen. Joachim tritt immer hinten auf den Saum seiner Oxford-Beulhose, von der seine Freundin sagt, sie müsse aber so lang sein. Christian hat Simones wegen vor vier Jahren seine diskreten Hosenträger abgelegt und findet sich nun Henriettes Begehr gegenüber zu doppelt breiten Haltern und auch noch brüllend rot!

Leider kann man nicht immer sagen, daß die Ummodelung dem Manne bekommt. Bisweilen wirkt das Tuning des Partners auf Außenstehende so, als habe jemand einem Fiat Panda mit Gewalt einen Mercedesstern aufgepappt. Oder einen grundsoliden Volvo mit Tigerplüsch aktualisiert.

Nie wäre jemand, solange Dietmar noch seine wartungsfreien Tennisschuhe trug, auf die Idee gekommen, daß er unter Spreiz-Senkfuß und Hallux Walkus litte. Seit ihm Irene (von «Oh Sohle mio») diese italienischen Stiefeletten schenkt, scharrt er auf jeder Stehparty mit den Füßen wie ein Galopper in der Startmaschine.

Ein anderer Frisch-Liierter, bisher an Maßhemden gewöhnt, dreht seinen Hals in letzter Zeit immer wie eine mißvergnügte Schildkröte, weil seine hinreißende Freundin ihm ein Hemd samt Dreißiger-Jahre-Propeller aus der teuersten Second-Hand-Boutique der Stadt verordnet hat. Und er nun mal so gestrickt ist, daß er im Ultra-Schick aus zweiter Hand eben immer noch Ungeziefer vermutet.

Unter ästhetischen Gesichtspunkten ist es keine Frage, daß die Verschickung von Bertrams Netzhemden ans Rote Kreuz ein richtiger Schritt war. Aber im Leibchen mit dem geölten Blitz auf der Brust fühlt er sich vor dem Betriebsarzt eigentlich noch viel befangener. Und der Mann, der immer so wirkte, als hätten schon seine Pampers ein Nadelstreifen-Muster gehabt, der kommt uns im neonbedruckten Hawaii-Hemd unglücklich vor. Amerikanische Juristen behaupten es ja seit langem: Die Vergewaltigung von Männern durch Frauen ist längst an der Tagesordnung.

MIT DEN AUGEN EINER FRAU: SCHÖNE MÄNNER

Über kein beneidenswertes Schicksal

Schöne Männer. Noch viel weniger als schönen Frauen traut man ihnen Treue, Edelmut oder eine abgeschlossene Ausbildung zu.

Schöne Frauen dürfen sich ihrer Attraktivität bewußt sein. Sie sollen es sogar, wollen sie nicht als Heuchlerinnen und falsche Luder gelten. Schöne Männer müssen immer so tun, als wüßten sie gar nicht, wovon die Rede ist. Und selbstverständlich reden wir, innerlich wegschwimmend auf der kristallblauen Iris, den Praliné-Sümpfen seiner Augen mit diesen Wimpern, die keine Mascara-Bürste brauchen... also, wir reden von seinem Wissen, seinem Fleiß, seinem guten Charakter. Wir streicheln seine Sammethaut und sprechen über Mehrwertsteuer. Sonst wird er uns womöglich verlegen, und das können wir heute abend am wenigsten gebrauchen. Die bewährte alte Casanova-Falle, wonach man den Klugen sagen muß, daß sie schön sind, den Schönen aber, daß sie klug sind... sie klappt bei Männern noch besser als bei Frauen.

Schöne Frauen, die sich schön anziehen, sind okay. Sie haben Geschmack und bekennen sich zu ihrer Identität. Schöne Männer, die mehr als zwei lange Samstage und ein halbes Monatsgehalt pro Jahr für Kledage ausgeben, sind dem germanischen Ethos verdächtig. Maßkleidung zum Beispiel ist hierzulande ein Mittel zur notdürftigen Bauchweiten-Retusche von Problemkörpern, wie sie gehäuft bei Politikern und anderen Führungspersonen auftreten. Aber schöne Kleider an schönen Männern – da schreien wir gleich: Narziß! Zuhälter! Boutiquen-Stenz!

Ja, auch diese bekömmlichen Leinenjacketts, zerknittert, sündteuer und italienischer Bauart, über den gebräunten Unterarmen hochgekrempelt, als führe der Träger allmorgendlich zur See statt in die Amtsstube – sie täuschen keine Landpomeranze mehr. Ein schöner Mann, der sich dazu noch schön und teuer anzieht? Die Kluge Else läßt ihn fallen wie eine heiße Kartoffel. Denn zu schöne Männer sind bekanntlich dumm. Schöne Frauen gelten ebenfalls als dumm, doch hält der Volksmund ihnen zumindest zugute, daß dumm gut fickt. Dieser Aberglauben-Bonus wird Männern nicht zuteil. Haben wir doch immer den Verdacht, daß schöne Männer entweder heimlich oder unheimlich schwul sind.

Richtig schöne Männer – sagen wir mal: Robert Redford (obwohl der ja sehr klein sein soll), Thomas Gottschalk, Rudolpho Valentino und zwei oder drei meiner Kollegen – müssen sich außerdem mit einer Menge Nebenbuhler herumschlagen, die sich für schön halten, obwohl sie es nie waren und nie sein werden. Und die verderben das Image der schönen Männer. Haben oft nur eine Jacketkrone, ein Kettchen oder eine Fönfrisur mit ihrem Idol gemeinsam und führen sich auf wie Mick Jagger.

Wenn Frauen sich für schön halten, stimmt es meistens. Sie haben aufgrund ihrer Sozialisation eine jahrelange Materialprüfung durchlaufen – von der Prinzessinnenrolle im Kindergarten bis zu den unwägbaren Vorteilchen bei der Jobsuche. Buben fehlt dieser Schliff der Selbsterkenntnis. Auch in den modernsten, auf Nivellierung der Geschlechterrollen bedachten Erziehungssystemen achtet niemand wirklich drauf, ob Hänschen in Strumpfhosen eine gute Figur macht. Hauptsache, er hat seine Babypuppe lieb.

Erst voll erblüht muß sich der naturschöne Mann den schlimmsten Eignungstests unterwerfen, und dabei lauern alle drauf, daß er sich blamiert. Im Gegensatz zu seinem schütteren Cousin mit dem Karnickelgebiß kann er es keinem recht machen: Umsorgt er höflich die Frauen, feuergebend, türaufhaltend, mäntelschlupfend – dem Schönen wird's nicht als Höflichkeit, sondern als Leimrute ausgelegt. Gibt er kein Feuer, öffnet keine Tür, hilft nicht in den Mantel, so ist er ein in Selbstbespiegelung versunkener eitler Pfau und Stoffel, während man die gleiche Verhaltensweise seinem muffigen Bruder als Geistesabwesenheit eines Dichters und Denkers auslegen würde.

Schöne Männer haben's wirklich nicht leicht, obwohl die Nachfrage dramatisch steigt. Sie sind längst ein Statussymbol der Yuppie-Frauen geworden. Einen BMW kann sich schließlich jede erarbeiten, eine night-on-town an der Seite eines spektakulären Beau hingegen nicht.

Frau schindet heute keinen Eindruck mehr mit einem alternden Glatzkopf, wenn er nicht grad Johannes von Thurn und Taxis heißt. Neue Männer will das Land. Und zwar schöne. Leider ist das noch nicht überallhin durchgedrungen. Engstirnigkeit und Komplexe verhindern die Emanzipation des schönen Mannes.

Während welke Männer in Begleitung wunderschöner junger Frauen auf die hüstelnde Frage vom Hotelportier «Sicher Ihre Tochter...?» zu geschmeichelten Reaktionen imstande sind, haut es umgekehrt nicht recht hin. «Ist dieser Adonis ihr Neffe oder ihr Sohn?» Die Frage des Portiers, selbst wenn nur mit den Augen ausgesprochen, hat schon manche Verzweiflungstat eingeleitet.

Die Welt ist gemein zu männlichen Lichtgestalten. Hat ein wahrer Schönling nur eine Frau statt an jedem Finger zehn, so dichten wir ihm flugs einen Mutterkomplex an – besonders, wenn diese Frau nicht ganz so blendend aussieht oder gar ein Jährchen älter ist. Hat er ein Mannequin zur Freundin, so beweist das seine Oberflächlichkeit. Hat er viele verschiedene, so gilt er als pathologischer Fall von Bindungsunfähigkeit. Hat er gar keine... na, Sie wissen schon!

DAS SYSTEM

LIBERAL, WIE WIR SIND...

Über die Behandlung von Asylanten und Gastarbeitern in besseren Kreisen

Margo (vormals mit t hinten) und Maxim fehlen bei keiner Demo gegen das skandalöse Asylanten-Verfahren in der Bundesrepublik; die Zeit nehmen sie sich einfach, obwohl sie weiß Gott anderes zu tun hätten. Machbar ist ihr Engagement gegen die Ausländerfeindlichkeit dank dem Ghanaer, der derweil in Maxims Modelokal einhütet und dabei die Kartoffeln schält, und dank der Chilenin, die nach den Kindern sieht.

Die Dienste des Ghanaers Kofi und der Chilenin Maria kommen billig zu stehen, aber nichts hassen Margo und Maxim mehr als die geschmacklosen Fragen von Bekannten nach deren Stundenlohn. Darum geht es doch gar nicht! Es geht doch darum, daß Kofi und Maria keine Aufenthaltserlaubnis haben und bei uns trotzdem an den Kühlschrank dürfen. Margo ist immer irritiert, wenn man sie nach den Arbeitsbedingungen von Maria fragt. Es muß alles ein Riesenmißverständnis sein: Diese Maria *liebt* Karl-Johann und Ann-Sophie; so sind die Südländer nun mal. Drum bleibt Maria klaglos bis früh um fünf, auch wenn man nur schnell ins Kino wollte, sich dann aber mit Freunden verplaudert hat. Es geht in diesen Verhältnissen doch nicht ums schnöde Geld. Es geht um die liberale Lebensart, solche Leute überhaupt zu beschäftigen, ihrem Leben im Exil einen Sinn zu geben, und diese gewisse Wärme durch Familienanschluß. Die psychischen Folgen der Arbeitslosigkeit sind schließlich hinreichend dokumentiert, nicht wahr? Eigentlich sind Maria und Kofi sowieso mehr Freunde. Da wäre es doch für beide Seiten peinlich, wollte man etwa Geld anbieten für das Wochenende, wo Margo und Maxim mal eben zum Schlemmen nach Lyon düsen und Maria die Kinder zu sich mitnimmt.

Das Angebot zum Duzen entspringt gemeinhin, wie es sich gehört, dem Vorschlag des Höhergestellten. Maxim bietet seinen ausländischen Freunden immer gleich spontan das Du an. Das beweist seine Vorurteilsfreiheit, sein Verständnis für die Tatsache, daß deutsche Sprach schwere Sprach ist, und gibt außerdem berechtigten Anlaß zu der Hoffnung, daß der Türke Murat den Keller ein bißchen billiger streicht, wenn er sich so nett von Mensch zu Mensch behandelt fühlt.

Margo, die trotz ihres Gaultier-Blazers im Freundeskreis den unbegreiflichen Ruf eines kleinbürgerlichen Snobs genießt, zieht in solchen diffizilen zwischenmenschlichen Beziehungen immer ausgezeichnet mit. Nie vergißt sie zu fragen, ob Murat nach dem Stutzen der Hecke den aufgewärmten Rest der Tortellini will, die die Kinder zu Mittag hatten. Beziehungsweise, ob seine Freundin sich nicht mächtig über die schwarz-goldenen Cowboystiefel freuen würde, mit denen man sich schon lange nicht mehr ins Filmhaus trauen kann.

Doch es ist ein unbewältigtes Kapitel Gegenwart: Weder zum Sex noch zur Geschichte haben die schicken, die modernen Deutschen ein derart gebrochenes Verhältnis wie zu ihrem Personal. Drum leugnen sie unisono, daß sie insgeheim welches haben: eine Putze, Perle, Parkettkosmetikerin oder wie die spießigen Euphemismen so heißen. Ein Au-pair-Mädchen oder einen Ali zum Rasenmähen und Regale-Andübeln. Wieso Hausangestellte? Schließlich kriegen sie doch keinen Vertrag von uns, und man läßt sie doch nicht bei sich wohnen! Wär auch ein Wahnsinn, wo man für das Zimmer im Souterrain auf dem freien Markt doch easy 500 Mark kriegen kann von dem japanischen Doktoranden.

Wär auch ein Wahnsinn, ganz im Vertrauen, jetzt, wo diese Aids-Geschichte so hochkocht. Natürlich sind die Vorstellungen der CDU reaktionär, nur neuerdings, na ja, fragt man sich, ob man nicht doch das Recht hätte, vielmehr die Verpflichtung, als Mensch und Vermieter, als Freund und Arbeitgeber, auf einen Bluttest zu dringen. Aber man macht es ja gern, die gute Tat. Natürlich kann man von Kofi nicht erwarten, daß er die Spülmaschine bedient. Maria, stell dir vor, hat neulich das chinesische Lacktablett mit Viss wischen wollen! All die Geduld und der Goodwill, den wir aufbringen mit den Leuten aus der Dritten Welt, muß sich doch wenigstens in schnurrigem Konversationsstoff breitmachen dürfen. «Was, Ihre

Comfort hat neulich den Perserteppich mit Glänzer geputzt? Das ist noch gar nichts, sage ich Ihnen! Habe ich doch kürzlich tatsächlich unsere Maria dabei erwischt, wie sie die Lackschühchen von Karl-Johann mit Nutella cremte.»

Man ist ja so großzügig. Greift nicht zu Repressalien, wenn an der Jugendstil-Porzellanfigur ein Fingerchen abgebrochen ist. Hätten ja theoretisch auch die Kinder sein können. Was man aber nicht glaubt. Die haben schließlich die Kultur schon mit der Muttermilch aufgesogen… Und wir sind doch gebildet und wissen, daß Lügen und Leugnen in anderen Religionen keine Todsünde ist. Wir sind eben modern, weltoffen und vor allem kostenbewußt. Drum sollen Maria, Murat und Kofi bei uns jeden erdenklichen Minderheitenschutz genießen.

WIE MELDE ICH MEINEN LAUBFROSCH?

Über den fälschungssicheren Personalausweis für Tiere. Ein Gesetzeskommentar

Jahrelang habe ich mich patriotisch gewehrt (wg. ähnlicher Erfahrungen im Ausland), die Deutschen für die Bannerträger der Bürokratie zu halten. Seit dem 1. Juli 1987 ist das anders. Das an diesem sonnigen Dienstag in Kraft getretene Gesetz muß uns erst mal jemand nachmachen. Die Meldepflicht für allerhand Getier kann eigentlich nur als Stützungsmaßnahme für Kabarettisten verstanden werden.

Muß man der Behörde eine Traueranzeige schicken, wenn die nichtmeldepflichtige Katze den meldepflichtigen Laubfrosch gefressen hat? Ja, das muß man laut Gesetz. § 10/3: «Das durch den Tod eines Tieres frei gewordene Kennzeichen ist mit der Anzeige über den Abgang zurückzugeben.» Sie wissen ja: Auf Zuwiderhandlung steht bis zu 20000 Mark Geldstrafe.

Ist Vermißtenanzeige zu erstatten, wenn unser zugelaufener Igel, der im Laubhaufen vor der Waschküche überwintert hat, nach Beendigung des Winterschlafs das Weite sucht, ohne sich ordnungsgemäß abzumelden? Besser wär's wohl, da man sich mit einem Beamten von echtem Schrot und Korn endlos darüber streiten kann, ob der überdachte Kellereingang zum Haus gehört oder nicht.

Wie sagt's der Landmann seiner Fledermaus, daß sie nicht länger auf dem Scheunenboden aus und ein gehen kann wie im Hotel, seit er für sie die Meldepapiere ausfüllen mußte?

War es unterlassene Fürsorgepflicht, als der Habicht im Garten ausgerechnet auf Lurchi bei seinem Freigang stieß statt auf das meldefreie Kaninchen?

Und was tun mit Klärchens Schildkröte? Entweder wir verstekken sie künftig wie einen illegalen Asylanten, oder wir unterbrechen unseren Urlaub und rasen aufs Amt (die Meldefrist läuft nämlich am 1. August 1987 ab), um «Alter und Geschlecht» anzugeben – was den meisten tierlieben Laien nur mittels Vivisektion möglich wäre. Daß man als christlicher Mensch bei «Verwendungszweck» nicht «Suppe» ins Formular schreibt, ist dagegen klar.

Wie Sie aus Funk und Fernsehen wissen, ist auch «die Verlegung des regelmäßigen Standorts» (vulgo: Umzug) «unverzüglich anzuzeigen». Der Standort einer Springmaus oder Libelle ist schwer genug zu bestimmen, und jetzt auch noch diese Probleme!

Und wieso fragt eigentlich kein Schwein (nicht meldepflichtig) danach, wieviel Auslauf die Kinder im Haushalt haben? Und in welchem Quartier, zu welchem Verwendungszweck (Erbschleicherei?) die Großmutter gehalten wird?

Ohne Anmeldung kann einer zwanzig Katzen in einem verpinkelten Korridor halten und einen Bernhardiner im Laufstall, aber seine Mauer-Eidechse im Terrarium muß er registrieren lassen. Er kann seine Frau an Spülstein und Waschtrog fesseln, aber nicht den Korallenfisch.

Eigentlich müßte jeder deutsche Beamte sein Leben grübelnd zubringen mit der Frage, wieso Länder wie Großbritannien und/oder USA überhaupt existenzfähig sind, wo sie doch noch nicht mal für ihre Einwohner die Meldepflicht haben – geschweige denn für deren Papageien und Zierfische.

Nach dem Motto «Wie der Herr, so das Gescherr» genügt den Landesvätern keineswegs die Volkszählung gewisser Arten, die da kreuchen und fleuchen. Auch für die Viecher mußte «dauerhaft und unverwechselbar» die Kennkarte her.

Es scheint freilich auch den Zuständigen aufgefallen zu sein, daß manche Tiere widerspenstiger sind als Herrchen und Frauchen und sich gegen das gesetzliche Beisichtragen ihres Identitätsausweises wehren. Sei's durch Giftzähne, Stacheln, Schlüpfrigkeit, oder weil es sich um lichtscheues Gesindel handelt.

Doch auch für diesen Fall ist vorgesorgt: «Ist die Kennzeichnung nach Absatz 2 wegen der Beschaffenheit der Tiere nicht möglich, so stellt die nach Landesrecht zuständige Behörde statt dessen eine zur Identitätskontrolle geeignete Bescheinigung aus.» Und ist diese «in den Dokumenten fälschungssicher einzutragen».

Ich weiß, ich weiß. Es ist ja alles so gut gemeint, und in jedem von uns steckt ein kleiner Ökologe. Aber glaubt irgendein Beamter im

Ernst, der Macho-Zuhälter werde seinen Alligator in der Badewanne oder seinen Tiger im Penthouse pflichtschuldigst anmelden, wo er doch seine sechs Pferdchen auch illegal laufen läßt?

Etwas wollen und etwas können ist leider meist zweierlei. Daß das Gesetz nur Gutes will, ist klar. Was es erreichen wird, ist ebenfalls klar – nur nicht so gut. Ob es eine bedrohte Tierart vorm Aussterben rettet, wage ich zu bezweifeln. Hingegen wird es zur kräftigen Vermehrung der Denunzianten beitragen. Dem Nachbarn ist es vermutlich scheißegal, ob Müllers eine Grüne Mosaikjungfer beherbergen oder einen Wildhamster, aber Müllers laute Musik hat einen schon immer gestört, und außerdem haben die unfairerweise den sonnigeren Balkon.

Das neue Gesetz erinnert von fern an die Kampagne «Schwarzhören, Schwarzsehen kommt teuer zu stehen». Nur daß beim ungemeldeten Funkgerät neben dem lieben Nachbarn auch der Peilwagen zu befürchten war. Steht uns künftig im Rahmen der wundersamen Beamtenvermehrung der Blindschleichen-Peiler ins Haus? Werden die Hasch-Hunde umdressiert aufs Aufspüren von unangemeldeten Geburtshelfer-Kröten?

Nein, der Verdacht ist vorerst noch ungerecht. Weil derzeit für schätzungsweise fünf Millionen meldepflichtiger Haustiere erst zwei Dutzend Sachbearbeiter zuständig sind. So wird es dem gesetzesliebenden Bundesbürger passieren können, daß er seinen Apollo-Falter (durchschnittliche Lebenserwartung: ein Jahr) zur Erfassung bringen will, aber auf einen Termin im Jahre 1991 vertröstet wird.

Das neue Gesetz ist so köstlich, daß man auf die Fortsetzung gespannt sein darf.

Es ist heutzutage so vieles vom Aussterben bedroht – wie wär's zum Beispiel mit einem Meldegesetz für gesunden Menschenverstand? Darauf wird der Tierhalter wohl noch lange warten müssen, denn manchmal haben unsere Gesetzes-Schuster eine leider nicht meldepflichtige Meise.

NIE SOLLST DU MICH BEFRAGEN...

Über den zweifelhaften Wahrheitsgehalt von Volksbefragungen aller Art

Eigentlich konnten wir das schon als kleine Kinder nicht leiden: Wenn wir einen neuen Spielkameraden hatten und unsre Mütter bißchen hintenrum fragten, was denn dessen Vater so mache, ob auch die Mutter arbeiten gehe und wie viele Zimmer die hätten.

Als Teenager konnte es einem die Stimmung verhageln, wenn die Eltern beim Sonntagsfrühstück fragten, wer noch dagewesen sei auf der Party von Claudia und was es denn zu essen gegeben habe.

Gegen Aushorcherei hat man scheint's eine Aversion, noch bevor man orthographisch oder juristisch in der Lage ist, an Volkszählungen teilzunehmen oder sonstige Fragebögen auszufüllen.

Alle Welt wundert sich derzeit – teils sehnsüchtig, teils empört –, wieso die Deutschen noch 1970 den letzten Zensus ohne Mucks über sich ergehen ließen. Und jetzt machen sie Putz.

Die sattsam bekannten Argumente von der real gestiegenen Gefahr des Datenmißbrauchs reichen nicht aus, um die Verdrossenheit an der Demoskopie zu erklären, die selbst recht unpolitische Leute neuerdings befallen hat. Auch Bürger mit dem Gemüt eines Osterlämmchens führen jetzt den Spruch «Nur Schafe lassen sich zählen» im Munde.

Ach, es ist ganz einfach Überdruß. Mag sein, daß in der Frühzeit der Demoskopie mancher noch geschmeichelt war ob seiner Wichtigkeit und Volk und Vaterland durch Wahrheitsliebe dienen wollte. Die Zeiten sind vorbei, wie jüngere Wahlprognosen – zumeist ganz schön daneben – gezeigt haben. Der Bundesbürger kriegt offenbar allmählich Spaß am Schummeln, am Anscheißen indiskreter Fragesteller.

Wen wundert's? Befragungen hängen uns nämlich inzwischen

zum Halse heraus. Von der Wiege bis zur Bahre – dauernd kommt einer und will es allzu genau wissen. Beim Arzt, beim Finanzamt, bei der Bank, bei der Arbeitssuche, sogar bei der Buchung einer Ferienreise oder einer Hotelübernachtung – überall lauern Fragebögen.

Die «Zehn Minuten, die allen helfen», sind längst inflationiert wie die Kosmetiktips in Frauenzeitschriften, die einem auch immer weismachen wollen, nur zehn Minuten täglich für Haut & Haar, für Taille & Po, für Fitness & Fingernägel machten einen neuen Menschen aus einem. Nur daß sich das Programm bei ernsthafter Befolgung zu einem Halbtagsjob addiert.

Abgesehen vom humanen Widerwillen gegen's Kreuzchenmachen und Wegsortiertwerden in einschlägige Schubladen; abgsehen von der irrationalen Angst vorm Großen Bruder Computer: Auch die anonymen Zufallsstichproben haben ihren Mythos von Wahrheit inzwischen eingebüßt. Jedenfalls im Bauchgefühl des Volkes.

Wie kommt's, fragen wir uns, daß man selber noch nie repräsentativ befragt wurde (und auch keinen kennt, der um seine Ansicht gebeten wurde), ob Kohl ein guter Kanzler ist?

Trotzdem werden wir jeden Tag mit Nachrichten versorgt, was irgendwelche 2000 Stichproben-People angeblich stellvertretend für uns alle von SDI und Aids halten, ob sie an den lieben Gott glauben oder die friedliche Nutzung von Atomkraft.

«Repräsentativ» heißt die Methode, an der wir zu zweifeln beginnen – nicht zuletzt, weil wir im Fremdwörterlexikon mal gelesen haben, daß «repräsentativ» was glänzend Festliches sei. Diesen Eindruck vermitteln uns Meinungsumfragen aber leider selten.

Zugegeben: Die Meinungsumfrage, dies beinahe religiös verehrte Instrument der Gesellschaftswissenschaften, beschert uns immer wieder Ergebnisse von hohem Unterhaltungswert. So las man kürzlich, daß Frauen – befragt, ob sie lieber mehr Mithilfe im Haushalt von ihrem Mann hätten oder ein neues Küchengerät – mit absoluter Mehrheit für eine Maschine waren, die offenbar als zuverlässiger und weniger wartungsanfällig empfunden wird.

Mit den repräsentativen Erhebungen ist es ein bißchen wie mit der Bild-Zeitung. Es gibt immer noch Leute, die glauben jedes Wort, was drin steht. Und es gibt Leute, die sagen: *Weil* dort alles stand, kann es von vornherein nicht stimmen.

Denn warum sollten die Probanden, die einem Wildfremden an der Haustür Frage und Antwort stehen zu Dingen, die sie der eigenen Mutter lieber verschweigen, die sich auf dem Weg zum Strümpfe-Besorgen mitschnacken lassen in ein preiswertes Café zum Fragebogen-Ausfüllen – warum sollten die so anders sein als man selber?

Wie schließen die Demoskopen aus, daß sie nur Menschen befragen, die gerade Langeweile haben oder Zoff zu Hause und im Büro? Wieso sollten diese Samples staatsbürgerlicher sein als man selber und nicht etwa geritten von der maliziösen Lust, als machtlos kleines Rädchen wengistens die Statistik zu verfälschen?

Wieso unterhalten sich die Samples angeblich todernst zwei Stunden lang mit den Boten von Infas oder Allensbach über Gott und die Welt, anstatt dem Fleurop-Boten der Demoskopie die Tür vor der Nase zuzuschlagen mit dem Satz: «So wie Sie arbeiten, möchte ich mal Urlaub machen!»

Und selbst wenn sie grad Langeweile haben und denken «Wolle mer'n reinlasse» – was lehrt uns das?

Nicht nur im Kreditwesen ist der Aussagegehalt von Selbstauskünften ein Witz. Rührend in ihrer Rechtschaffenheit und Einfalt die Schubladen-Pläne mancher Krankenkassen, Raucher künftig mit Bußgeld zu belegen. Wie denkt sich der Herr Sachbearbeiter das? Daß einer hinschreibt: Ja, ich zieh mir täglich zwei Schachteln Marlboro rein – wohl wissend, daß ihn diese Auskunft einen höheren Beitragssatz kostet? Machbar wär das nur mit einem Heer von Privatdetektiven oder Blockwarten. Aber offenbar sind Meinungsforscher die letzten dieser Erde, die an das Gute & Wahre im Menschen glauben.

Wie anders sind die drolligen Psychotests zu erklären, die in großen Konzernen einer Manager-Karriere vorgeschaltet sind? Fragt der Unternehmensberater «Wie war Ihr Vater?», so wird wohl kaum einer hinschreiben «Altnazi» oder «gewalttätiger Alkoholiker», sondern, wenn er schlau ist, «1,80 groß».

Liebe Regierung, der weiche Boykott ist längst Volkssport, und wenn uns jetzt anläßlich der Volkszählung jemand von links oder von rechts dieses Mittel zum Schutze unseres Privatlebens madig machen will, dann lächeln wir nur müde wie ein altes Kulturvolk, das seine Sprichwörter kennt. Denn wer dumm fragt, kriegt dumme Antwort, und was ich nicht weiß, macht mich nicht heiß. Das gilt besonders für Behörden.

GELD IST NUR NOCH FÜR ARME

Über die Liebe zur Kreditkarte und ihro Folgen

Eines muß man den Amerikanern ja lassen: Wenn es gilt, eine neue Sucht zu entdecken, sind sie Weltmeister.
Weil Trunksucht, Eifersucht, Ichsucht und Gelbsucht weltweit bekannt und viel älter als die Entdeckung Amerikas sind, haben unsere amerikanischen Freunde ständig Neuheiten erfunden, auf die sie eine Weile sehr stolz sind – und genau dann, wenn wir lahmarschigen Europäer uns endlich auch auf Junkfood und Jogging, auf einarmige Banditen, Sonnenbank, Gruppensex und das Abo beim Psychiater einzulassen beginnen, dann zeigen sie uns, wohin das alles führen kann. In die Abhängigkeit nämlich.

Die neueste Sucht, made in USA, heißt Kreditkarten-Sucht.

In den Vereinigten Staaten, das wissen alle, auch die noch nie da waren, wurde inzwischen selbst der letzte Strumpfsparer zum Kreditkartenbenutzer umerzogen.

Während Ratenzahlungsgeschäfte immer so einen Wohnküchenmief hatten, gelten Kreditkarten seltsamerweise als smart, obwohl es ums gleiche Finanzierungsmodell geht: Kauf heute, zahl später...

Selbstverständlich verliert auch der gutwilligste Mensch mit einem Dutzend Monopoly-Geldersatz-Karten in der Tasche leicht den Überblick: Gib aus, ist doch nur Plastik. Bis die Abrechnungen kommen. Wer nicht binnen 30 Tagen zahlen kann, dem brummt die Bank Zinsen (bis zu 20 Prozent!) auf, neben denen der Kaufmann von Venedig alt aussähe. Um dies Elend zu vergessen, geht man erst mal in sein Lieblingsrestaurant oder bißchen shopping. Jetzt wissen Sie, wie Kreditkarten-Sucht entsteht.

Nun sind die Amerikaner ja nicht so gemein, daß sie der Verelendung ihrer Möchtegern-Klasse tatenlos zuschauen. Nein, schon gibt es für die neue Sucht die passende Therapie. Beim Credit Counselor handelt es sich um einen Psychologen, der den ersten Schritt zum Entzug mit einem schmerzhaften Schnitt einleitet. Ritsche-ratsche mit der Scher' fällt er über die Kreditkarten des Klienten her. Der Rest ist Reden.

Nicht nur Seelenärzten dient die Liebe zur Kreditkarte als Arbeitsbeschaffungsmaßnahme. US-Orthopäden haben kürzlich ein mysteriöses Rückenleiden aufgeklärt, das letzthin immer mehr gutsituierte, viel sitzende Amerikaner männlichen Geschlechts befiel. Es wurde enttarnt als Kreditkarten-in-Gesäßtasche-Syndrom. Wenn die eine Pobacke ständig auf einem drei Zentimeter dicken Plastik-Stapel hockt, krümmt's das Rückgrat.

Man soll eben nicht auf seinem Geld sitzen. Sagen die Banken doch seit eh und je und geben auch bei uns immer mehr plastic money heraus. Wird die Kreditkarten-Sucht wie McDonald's und Aids, wie Coca-Cola und Privatfernsehen also unweigerlich auch auf uns überschwappen?

Geld kommt auch in Europa aus der Mode, soviel steht fest. In Frankreich tankt die Bauersfrau in Kittelschürze und Sturzhelm die fünf Liter Benzin für ihr Moped längst mit der Carte Bleue. Auch eine Autobahngebühr von umgerechnet 1,60 Mark kann man bei Franzosens per Plastik bezahlen. Im belgischen Supermarkt findet's die Kassiererin normal, wenn einer seinen Camembert und eine Flasche Spüli mit Bancontact begleicht – und gibt auf Wunsch noch Bargeld dazu. Im hintersten Tirol stehen die deutschen Urlauber belämmert in der Schlange vorm Postamt, weil nur eine einzige Telefonzelle noch mit der vorsintflutlichen Währung Geld funktioniert, während die anderen nur auf Kreditkarte flutschen.

Nur die Deutschen zieren sich noch im hemmungslosen Gebrauch von Kreditkarten. Wir international als romantisch verschrienes Volk haben eben auch ein romantisches Verhältnis zu Bargeld. Enttäuschung malt sich auf den Gesichtern deutscher Touristen, falls der Basar-Händler aus den Falten seiner Djellabah die klobige Stempelpresse für die Kreditkarte hervorzaubert, statt Allah für ein paar Kupfermünzen zu danken... komisch, gleich wirkt der günstige Teppich irgendwie weniger handgewebt.

Umgekehrt kann es dem liebenswürdigen Geschäftsmann aus Tokio, der in einem bayrischen Gasthaus Maß und Leberkässemmel mit der Platin-Karte bezahlen will, durchaus geschehen, daß er statt eines tiefen Bücklings wegen der Nobelwährung ein grobes «Scher dich, Saupreiß, japanischer!» zu hören kriegt.

Aus der deutschen Zögerlichkeit gegenüber der Kreditkartenschwemme läßt sich andererseits Nutzen ziehen: So manches Restaurant, so mancher Juwelier gibt's heimlich gern was billiger, wenn man erst mit der Karte droht und dann bar bezahlt.

Findige Menschen hierzulande gebrauchen das Plastikgeld auch für alternative Technologien. Autofahrer wissen, daß die Diner's Club Karte herkömmlichen Werkzeugen beim Abkratzen vereister Windschutzscheiben ebenbürtig ist. Hoteldiebe fanden heraus, daß sich ein Schnappschloß mit der goldenen Masters-Charge nicht nur stilvoller, sondern auch leichter öffnen läßt als mit dem guten alten Dietrich. Die Antwort der Hotelkonzerne: neues Plastik; der angeblich einbruchsdiebstahlsichere Zimmerschlüssel in Kartenform...

VON SANITÄR-OASEN UND BACK-PARADIESEN

Über den großkotzigen Trend, alltägliche Dinge nicht mehr beim Namen zu nennen

Manche Wörter waren früher so unfein, daß man sie gar nicht drucken durfte und auch nur hinter vorgehaltener Hand aussprach, wenn Kinder oder ältere Herrschaften anwesend waren. Unterhosen etwa hießen noch im Sprachgebrauch meiner Großmutter «die Unaussprechlichen».

Umgekehrt scheinen Wörter, die noch vor kurzem grundanständig und in aller Munde waren, einen Abstieg in die Gosse durchgemacht zu haben: Vor dem harmlosen Wort «Laden» zum Beispiel ekeln sich aufstrebende Geschäftsleute wie vor einem ungedeckten Scheck.

Spaziergang durch ein beliebiges deutsches Stadtviertel: Wo gestern noch eine Bäckerei war, werden die gleichen kleinen Brötchen jetzt im «Back-Paradies» gebacken. Was mal cin billiger Hosenladen war, ist nun ein «Jeans-Emporium». Das Möbelgeschäft empfindet seinen scheußlichen Sechziger-Jahre-Flachbau als «Traumland des Wohnens». Beim Einkauf einer neuen Klobrille hat man die Wahl zwischen «Sanitär-Palast» und «Bad-Oase». Offenbar gilt: Je trivialer die Ware, desto größere Töne muß das Firmenschild spucken, und Bindestriche sind dabei sehr gefragt. Der speckige Autohof hat sich zur «Reifen-Boutique» aufgemantelt. Und weil der Mann, der früher einen Fotokopierer in seinem Kiosk betrieb, jetzt zwei Geräte stehen hat, ist glatt ein «Copy-Center» draus geworden.

Den Vogel der Großmannssucht schießen Makler und Baulöwen ab. Auf Bretterzäunen, hinter denen 3-Zi/Kü/D'-Bad entstehen, wird die Errichtung von «Residenzen» angekündigt. Und ist der Vorgarten zufällig breiter als ein Handtuch, wird obendrein eine «Park-Wohnanlage» draus. Keine Mansarde ist mehr sicher vor dem Titel «Penthouse» oder «Luxus-Maisonette». Und es weiß der moderne Rentner, daß seine Butze im Altersheim längst zum «Komfort-Appartement im Senioren-Wohnsitz» umgetauft ist.

Wie jeder Mega-Trend (auch die Soziologen wollen bei der Aufwertung ihres Gewerbes nicht abseits stehen) kommt die überall wütende Schönfärberei in verschiedenen Ausdrucksformen daher.

Auf der einen Seite marschiert die Inflation der Großkotz-Begriffe, wo der Teppichbodenhändler seine ramschige Lagerhalle kühn ein «Dorado» nennt. Das sind Symptome der Grandeurs-Krankheit, die wir bislang nur bei unseren französischen Nachbarn und in Ostblock-Staaten belächelt haben, wo ein grauer Schuppen schon immer gern «Palast des Volkes» hieß.

Auf der anderen Seite setzen sich Unternehmen der Kundschaft schmeichelnd auf den Schoß wie ein Animiermädchen, das den Schlager «Du, sag immer du zu mir» trällert. Das «Autohaus mit Herz» bietet nämlich «Freundschafts-Festpreise», als ging's um ein Schäferstündchen statt um unsere Nockenwelle.

Längst sind auch die Behörden dem Trend zum Sprach-Marzipan erlegen. «Die Polizei – dein Freund und Helfer» war richtungsweisend für die Mode der verlogen herzlichen Übertreibung. Denn Polizisten finden es keineswegs selbstverständlich, wenn man per du zurückkumpelt.

Allgemein verständliche Begriffe wie Gefängnis sind außerhalb von Lego-Town und den Modelldörfern rund um die Märklin-Eisenbahn dreckig geworden: Justizvollzugsanstalt heißt das jetzt, und es gibt auch keine Strafen mehr, sondern bloß Maßnahmen. Das dreisteste Beispiel für Euphemismus bleibt der «Entsorgungspark». Falls unbedingt ein naturnaher, poetischer Begriff her mußte für die Friedhöfe radioaktiven Materials, wäre «Schlangengrube» bißchen ehrlicher gewesen.

Wenn das so weitergeht mit der Verdrängung des Tatsächlichen zugunsten des hohl Tönenden, wird der Friedhof bald zur «Gartenstadt fürs vierte Alter». Der Hauptbahnhof zum «Train-Center», oder, dem Werbetrend zur Anbiederung folgend, «Ihr ganz persönlicher Schienen-Profi». Fürs Einwohnermeldeamt käme «Beamten-Elysee» in Frage oder ein flockiges «Wir stempeln Sie ab!». Die E-Rechnung wird in nicht ferner Zukunft unterzeichnet durch «Die netten Stromer von nebenan». Die Wasserwerke werden den geschäftsträchtigen Ton der Turnschuh-Unternehmer aufgreifen und witzeln: «Wir machen Sie naß–ganz individuell!»

Wir sollten froh sein über die altmodische deutsche Bestimmung, wonach gewissen Professionen das Trommeln noch verboten ist. Denn sonst würde sich manche Anwaltskanzlei ein Neon-Nasenschild gönnen mit der Aufschrift: «Sie sind im Unrecht? Wir sagen es nicht weiter!»

Denn sonst müßte man sich an unfallträchtigen Kreuzungen gefaßt machen auf die Werbetafel: «55 freundliche Weißkittel erwarten dich mit Luxusbetten. Zweite Abfahrt links, nur 300 Meter!»

MUTMASSUNGEN ÜBER KARLHEINZ

Über Suchmeldungen und wie sie die Phantasie entzünden

Zur Ersatzbefriedigung aller, die ihren Jahresurlaub bereits zu Pfingsten durchgebracht haben, bietet der Rundfunk schöne Programme. Andere mögen sich jetzt Richtung Kreta in die Lüfte schwingen. Wir trösten uns am Äther. Wir genießen jedes Sturmtief auf der Wetterkarte, sofern es sich über dem Urlaubsort der Nachbarn befindet und deren sonnige Ansichtskarten Lügen straft. Erbaulich sind auch die Staumeldungen, welche schon ganzen Kleingartenvereinen in der verregneten Geißblattlaube das Herz wärmten.

Aber am spannendsten sind die Suchmeldungen: «Karlheinz Brötel, unterwegs in einem lindgrünen Nissan mit dem Kennzeichen K-FS 3471, wird dringend gebeten, zu Hause anzurufen.» Ein sachliches Exposé, aus dem sich jeder halbwegs phantasiebegabte Hörer sein fesselndes Vorabendprogramm selber machen kann.

Karlheinz, wer bist du? Etwa einer der berüchtigten Männer, die ihrer Frau (sie strickte gerade an einem modischen Pullunder zu seinem 45. Geburtstag) zuletzt den legendären Satz hinwarfen: «Ich geh nur mal eben Zigaretten holen?»

Karlheinz, womöglich tue ich dir unrecht. Vielleicht bist du so ein schwer schuftender Vertreter, jede Nacht zur Ernährung deiner Familie mit wundgesabbeltem Mund in einem anderen Pensionsbett. Und sie wollen dir doch nur mitteilen, daß du im Lotto gewonnen hast! Oder ist der Schwiegervater gestorben, und im Hinblick aufs Testament wäre deine zerknirschte Anwesenheit wichtig?

An dieser Stelle des selbstgebastelten Drehbuchs rufe ich mich zur Ordnung. Zu spießig. Was heißt heutzutage Zuhause? Wer oder was gibt einem das Recht, dahinter gleich die bürgerliche Kleinfamilie zu wittern?

Wahrscheinlich verhält es sich mit dem abgängigen Karlheinz ganz anders: Zoff im Loft. Stunk bei Singles. Gail (vormals Gabriele) hat ihrem Carlo (behördlich: Karlheinz) Zahnbürste und Elektrorasierer nebst einer schnöden Spray-Parole auf die Türmatte gelegt. Und jetzt will sie ihn doch zurück.

Zuhause, Heimat – wir metaphysischen Deutschen wissen es aus Literatur und Schulaufsatz – kann natürlich auch ideologisch gemeint sein. Im Köln–Bonner Raum, woher der lindgrüne Nissan stammt, ist dies in letzter Zeit mehrfach bewiesen worden. Karlheinz, auch du ...? Uns Thriller-Lesern ist bekannt, daß sich Agenten gern durch Kleinanzeigen verständigen. Wir könnten uns denken, daß aufgrund des Zeitungssterbens auch Spione zu den modernen Medien abwandern.

Karlheinz, verzeih mir. Diese Mutmaßung war gehässig. Du bist sicher ganz anders. Fernsehen, Familie, Politik haben dich nie interessiert. Man nannte dich modisch einen «workaholic», denn dein Zuhause war die Firma. Karlheinz, warst du so leichtsinnig, dich mit der Portokasse davonzumachen? Stopp. Quatsch. Veraltetes Konzept. Fragen wir lieber: Hattest du den Bürocomputer so programmiert, daß die Firma dir monatlich neben deinem bescheidenen Gehalt noch ordentliche Beraterhonorare zahlte – und jetzt sind sie dir draufgekommen? Dann stell dich lieber, Karlheinz! Moderne Firmen mit Image-Sorgen verpetzen solche wie dich nicht bei der Polizei. Sie werden dir ein traumhaftes Zeugnis schreiben, damit du mit erhöhtem Gehalt bei der Konkurrenz anfangen und das Unterschlagene zurückzahlen kannst.

Auch über dies gedachte kleine Fernsehspiel will sich keine rechte Befriedigung einstellen: Ein Tick zu aktuell. Zu provokativ.

Also zurück zur Vorlage. «Karlheinz Brötel, unterwegs in einem lindgrünen Nissan ...» Halt, da ist es! So stereotyp ist der Rundfunk ja gar nicht, wie seine Kritiker immer maunzen. Statt des Kennzeichens wird manchmal nur ein vermutliches Kennzeichen genannt. Wer die Vermißtenmeldung aufgab, ist scheint's kurzsichtig.

Karlheinz, du Lieber, bist du der einzige Sohn einer Witwe und hast beim morgendlichen Müsli endlich mal auf den Tisch gehauen, dir Surfboard und Iso-Drink gegriffen, hast den Nissan durchgestartet und höhnisch in den Rückspiegel gemurmelt: «Bad Orb, Mutter – dieses Jahr ohne mich!»?

Fragen über Fragen: Was erwarten die öffentlich-rechtlichen Anstalten eigentlich von uns, falls der lindgrüne Nissan auf der Autobahn in unserem Scheinwerferkegel auftaucht? Soll ich mit meinem rostigen Golf versuchen, mich wie im Krimi querzustellen? Erst mal eine Zigarette oder einen Riegel Mars anbieten und besänftigend sagen: «Karlheinz, mach keinen Scheiß, stelle dich den Realitäten?»

Bisweilen gibt uns der Suchfunk ja auch ein Zielfahndungsgebiet: «Karlheinz... vermutlich unterwegs im Raum Kassel.» Da gilt es dann die Augen offenzuhalten vor verschwiegenen kleinen Hotels und auf Campingplätzen. Und was mache ich, wenn Karlheinz auf höfliches Kratzen am Vorzelt den Patentverschluß seines Doppelschlafsacks öffnet, ein süßes Mädel blickt ihm über die Schulter, und fragt: «Wohl vom Verfassungsschutz, wa?» Oder gar: «Und wann haben Sie zuletzt Ihre Mutter angerufen?»

Ich bin sicher, die guten Deutschen im Lande wären mehrheitlich dafür, daß sich der Suchfunk die primitivsten Spielregeln von XY-Ungelöst zu eigen machte und uns wenig später bewiese, daß Entweichen nicht lohnt. «Karlheinz, nach tollkühnem Fluchtversuch aus bürgerlicher Enge, konnte durch das mutige Eingreifen eines Campers in Rimini seinen rechtmäßigen Besitzern wieder ausgehändigt werden.»

Und was war dann? Versöhnung, Scheidung, Enterbung, Reue, Lotto oder Mord? Irgendwie haben wir ein Recht darauf zu erfahren, wie es mit Karlheinz weiterging!

FAMILIÄRES

'NE IDEE MÜSSTE MAN HABEN...

Übers Festefeiern als Streß und Bewährungsprobe

Charlie und Rob planen ein Fest. Genaugenommen schon seit Weihnachten; aber Charlotte würde sich eher die Zunge abbeißen, als so etwas zuzugeben. Schließlich soll ja alles ganz spontan und irre unkonventionell sein.

Das Dilemma ist: Feiern möchte man schon – allein, es herrscht die Furcht, daß der eigene popelige Geburtstag die schnieken Bekanntschaften nicht zahlreich genug hinterm Ofen hervorlockt. Man muß den Leuten heutzutage was bieten, nur frei essen & trinken holt keinen mehr vom Video-Bildschirm weg.

Aber was bloß? Tango-Time auf der Hafenbarkasse? Kuskus in der Straßenbahn? Das macht doch inzwischen schon jeder Buchhalter zum Firmenjubiläum! Außerdem ist das Timing wichtig.

Februar/März ging sowieso nicht, weil die richtigen Leute da zum Skilaufen waren. Die Osterzeit kam auch nicht in Frage, weil die Menschen, auf deren Wangenkuß Robert und Charlotte Wert legen, auf ihrer Klitsche in der Toskana weilten. Pfingsten dito.

Aber Sommer ist gut. Nur die bedauernswerten Bekannten, die selbstschuldnerisch in die bürgerliche Falle gelaufen sind und jetzt schulpflichtige Kinder haben, aber keine Oma, die mit denen Ferien auf dem Bauernhof macht, fahren im Juli/August weg. Oder Lehrer und solche Menschen. Aber diese Leute, so nett und nützlich sie im einzelnen sein mögen, müssen Charlie und Rob auf ihrer Party nun wirklich nicht haben. Viel besser macht sich allemal der durchreisende Freund aus der New Yorker Designer-Szene.

Charlie und Rob haben schon genug damit zu schaffen, ihre Verwandten, die zwar nicht hip sind, aber wegen einer gemeinsamen Erbangelegenheit derzeit nicht vor den Kopf gestoßen werden dürfen, in ihren lässigen, obercoolen Kreis zu integrieren. Wie alle Schickis pflegen Robert und Charlotte ihre stinknormalen Familienmitglieder auf Festen mit einem warnenden Hüsteln vorzustellen.

Es ist schon ein Kreuz mit dem Originalitätsdruck beim Feiern; schließlich will man sein Geld nicht zum Fenster rauswerfen, sondern hofft auf anhaltende gute Nachrede.

In der Ich-Dekade der achtziger Jahre sind die Gäste allerdings frech geworden. Narziß & Popper, Alternativo und Yuppie bringen keine Blumen mehr mit. Die finden, der Gastgeber darf verdammt froh sein, wenn sie ihn für ein Stündchen mit der Anwesenheit der eigenen kostbaren Person beglücken. Nur ein Stündchen, damit auch jeder merkt, daß sie für denselben Abend noch zwei andere tolle Einladungen haben.

Was tun? Charlie und Rob veranstalten ein brainstorming. Feuerwerk hat trotz (oder wie Rob meint: wegen) André Heller leicht was Spießiges. Der Wunderkerzen-Gag wurde durch die Rocky Horror Show verschlissen. Miet-Zauberkünstler haben sich auf gehobenen Kindergeburtstagen inflationiert. Fallschirmspringer hatte McDonald's zum zehnjährigen Bestehen seiner Hamburger-Kolonie in Deutschland. Die Negerkuß-Wurfmaschine pept inzwischen die lahmsten und kommerziellsten Straßenfeste auf. Jedenfalls, sagt Charlie, geht der Trend ganz klar weg von der eigenen Wohnung: Leerstehende Hallenbäder, Rangierbahnhöfe, Kartonagenfabriken und aufgeblasene Boxhallen – das isses. Barbaras Idee, um Mitternacht ein Kunstkino zu mieten und dort exklusiv für ihre Freunde einen Kultfilm spielen zu lassen, war Spitze, hilft Charlie und Rob aber nicht weiter. Denn Nachahmung wäre schlimmer als Kartoffelsalat mit Würstchen. Bißchen geschmacklos, andererseits aber echt geil war die Fete von den Typen, die kürzlich das Kindertheater mieteten, dort eine Band namens «Tschernobyl» spielen ließen und dazu acht Kilo Spinat unters Volk schmissen. Ach ja, Ideen müßte man haben!

«Wir amüsieren uns zu Tode», heißt Neil Postmans Buch auf der Bestsellerliste. Wäre es doch wahr! Wir amüsieren uns nur noch mit Hilfe von professionellen Krücken. Und wenn Charlie und Rob endlich ihr Fest feiern, werden sie den Höhepunkt auf ihrer Streß-Skala erreichen.

FAMILIENBANDE

Über einen noch unzureichend erforschten Zusammenhang zwischen Lebensstil und Fernsehprogramm

Geld ist ein Zauberwort, und Sehnsucht nach Geld, so dozierten viele Feuilletonisten fälschlich, begründe das Publikumsinteresse an Leuten, die dieses reichlich haben. In Wahrheit ist das Geld bei den Ewings, Gettys, Buddenbrooks, Grimaldis oder Carringtons nur der dramaturgische Zement für etwas, was wir noch viel weniger haben: «Familienbande», lästerte schon Karl Kraus, sei das wahrste Wort, was er je gehört habe.

Wir dachten wie er und haben uns ziemlich rigoros davon befreit. Wir sitzen fast alle familiendynamisch konfliktfrei in einem selbstgeschaffenen Wohnidyll, wo uns keiner vorhält, daß die Fenster aber dringend geputzt werden müßten oder die Tapeten gewechselt. Und irgendwie fehlt uns jetzt was. Unbelastet von dreinsabbelnden Verwandten, meilenweit abgeschottet von neurotischen Müttern, Gaga-Großvätern, bigotten Erbtanten genießen wir unser Leben und genießen gleichzeitig nichts lieber als anderer Leute Familienknatsch.

Den Trend zur Auflösung der Großfamilie weist die Soziologie in allen Industrienationen seit über hundert Jahren nach; er hatte primär mit veränderter Arbeitswelt und den daraus resultierenden Wohnformen zu tun. Aber nirgendwo hat sich dieser Trend in den letzten 20 Jahren noch einmal so zugespitzt wie in Deutschland, seit nämlich die nach 1945 Geborenen das gesellschaftliche Leben bestimmen. Nirgendwo ist das Wort Sippenhaftung so belastet wie bei uns. Und weil es hierzulande als legitim galt, daß sich die Nach-Nazi-Generation von den Sünden der Väter und damit vom Vater lossagte, wurden im gleichen Aufwasch auch die fade Cousine und die frömmelnde Tante aus unserem Beziehungskreis ausgesteuert.

Bloß: Was haben wir davon? Nichts wie Nostalgie und leisen Neid, sonst würden wir nicht so gebannt am Bildschirm kleben, wenn dort Familiensagas aller Couleur ablaufen. Wenn Putzi von Opel wegen Rauschgift in den Knast muß, zahlt der entfernte Vetter Gunter Sachs wie selbstverständlich die Kaution. Aber unser Vetter Rudolf – wo lebt der eigentlich? Er macht was mit Elektronik, aber ob bei Siemens/Erlangen oder BMW/München, will uns partout nicht einfallen. Wir haben uns im beiderseitigen Einverständnis voneinander abgenabelt und dürften folgerichtig nicht mal drauf bauen, daß er auch nur die Gebühr fürs Falschparken für uns zahlte.

Unsere Familienfeiern sind hygienisch. Kein Hauen und Stechen, keine vergifteten Blicke, keine hundsgemeinen Bemerkungen. Nur die engsten Freunde zu Heiligabend, Silvester, zur alternativen Kindstaufe. Nur Sympathie und Langeweile. Manchmal beschleichen uns aufmüpfige Gedanken an Familienfeiern von früher, wo auch die ordinäre Schnapsdrossel Nina zugegen war oder der gräßliche Vetter Rudi, der alle mit seinen ewig mißlingenden Zaubertricks und seiner Paranoia vom bevorstehenden Einmarsch der Russen nervte.

Geradeheraus, wie wir sind, haben wir unsere Verwandtschaft sortiert nach passendem und unpassendem Umgang. Schwippschwager Hans, der nach dem dritten Cognac dem Au-pair-Mädchen an die Wäsche ging, haben wir nie mehr eingeladen. Aus Prinzip. Jetzt tut es uns manchmal leid. Jedenfalls ergab er immer schöne Geschichten für drei Tage nach dem Fest. Angesichts von «Dallas» oder der Story über den Niedergang des Hauses Dornier im Wirtschaftsblatt dämmert uns, daß wir die moralische Selbstreinigung von der «buckligen Verwandtschaft» mit einer gewissen Öde bezahlt haben.

Die Idee vom conversation piece aber, von bißchen Skandal zum Nachtisch, feiert fröhliche Urstände. So bietet eine New Yorker Modell-Agentur für Partygastgeber künstlichen Gesprächsstoff: zum Beispiel zwei Kleindarsteller als fetzig-streitendes Party-Paar zum Mieten. Wer nicht zwei Honorare zahlen will, kommt auch mit einem Mimen davon, der einen obszönen Trunkenbold gibt, oder einer Blondine, die mit Torte wirft.

Amerika, du hast es besser...

Aber all diese Unkosten können wir uns natürlich sparen, wenn wir wieder mehr Familiensinn entwickeln.

RICHTLINIEN FÜR DEN WEIHNACHTSVERWEIGERER

Über die Unfähigkeit, ein Fest nicht zu feiern

Weihnachten? Ächz und würg. Es gehört nun schon seit vielen Jahren zum Weihnachtsbrauch flotter Szene-Blätter, sich von Weihnachten zu distanzieren. Und es gehört zum Phrasen-Vorrat an besseren Tresen, ab Anfang Dezember zu höhnen und zu maunzen: Furchtbar, dieser Rummel, dieser Kitsch, die Konsumschlacht, die Völlerei, die Verlogenheit, der Muff von tausend Jahren unter der Kutte des Weihnachtsmanns.

Allerdings ist Anti-Weihnachten inzwischen fast genauso anstrengend geworden: Der Wettstreit, wer's am unweihnachtlichsten bringt, hat olympische Dimensionen angenommen.

Verreisen allein giltet nicht mehr. Weil meist kein echter, nachweisbarer Weihnachtsekel dahintersteht, wenn man nach Kenia oder ins Kleine Walsertal zischt. Sondern nur buchhalterischer Umgang mit den Urlaubstagen. Außerdem labt sich der Mensch, der die deutsche Weihnacht flieht, oftmals auch im Hotel auf Gran Canaria heimlich, unrasiert und fern der Heimat, an Tannenbaum und Gänsebraten. Von den Winterurlaubern ganz zu schweigen. Die Zöllner fragen schon gar nicht mehr, was das struppige Bündel, in Nylon verschnürt wie ein Rollbraten aus dem Supermarkt, auf dem Dachgepäckträger der Autos mit dem D-Schild enthält. Es ist der Tannenbaum für die Ferienwohnung, claro.

Die Weihnachtsflucht, die neben dem Kalender-Nutzwert wenig anderes im Sinn hat, als die älteren und einsameren Verwandten zu prellen, ohne drüber reden zu müssen – dafür gibt's keine Punkte. Das machen schon zu viele.

Da ist es schon cooler (Sie kennen dies Coca-Cola-Ersatzwort für «über den Dingen stehen» hoffentlich?), wenn man sagen kann:

«Heiligabend, wieso? Da sitz ich im Zug von Clermont-Ferrand nach Wanne-Eickel. Geht auftragsmäßig nicht anders.»

Gut kommt es auch bei Weihnachtsverweigerers, sich auf eine Stammkneipe berufen zu können, wo elegante Kleider zwar das ganze Jahr über gierig geguckt werden, am 24. 12. jedoch als widerlich bürgerlich gelten. Auch Anti-Weihnachts-Parties haben ihre Zwänge. Um den ideologischen Standort, meilenweit von Weihnachten entfernt, klarzumachen, steht auf der Theke wahrscheinlich die Verhohnepiepelung eines Christbaums aus rosa Kunststoff mit Hundekuchen oder noch gewagteren Anhängseln.

Aber ultraschick ist es neuerdings, besonders für Damen, Heiligabend auf dem Kiez zu verbringen – ein Terrain, das man normalerweise den Touristen und der Soziologie überläßt – und mit den Randständigen Schaumwein zu trinken.

Ja, Ideen muß man haben als Weihnachtsverweigerer aus Gewissensgründen! Seltsamerweise kenne ich aber keinen, der Heiligabend wirklich «ganz normal» verbringt, als wär's ein Tag wie jeder andere. Also etwa Spinat mit Spiegelei ißt, sich anschließend die Fußnägel schneidet und dann seine Steuererklärung macht.

Nun müssen wir noch den kommerziell angeheizten Geschenkerummel besprechen. Heerscharen aufgeklärter Menschen machen da nicht mehr mit. Nie fällt Gesellschaftskritik so leicht wie zu Weihnachten. Das kommt auch am billigsten.

Den Geschenkerummel geißeln am liebsten die Leute, die gar nicht wissen, was ein Geschenk ist, sondern es mit der Anschaffung einer computergesteuerten Badezimmerwaage verwechseln.

Auch im Geschäftsleben ist Schluß mit den Präsenten. Statt einer Flasche Champagner kriegt der Geschäftsfreund heute bis zu zwanzigmal haarscharf die gleiche Karte von Unicef. Das ist sehr löblich, aber auch erschütternd einfallslos. Abgesehen davon, daß man zu Wohltätigkeit, die sich mitteilen muß, so seine eigenen Gedanken haben kann.

EINE HOCHZEIT WIE EIN VOLKSFEST

Über Andrew, Sarah und den britischen Fremdenverkehr

Ich war leibhaftig dabei. Mit Hut und ohne Säbel, ganz so, wie der Lordkämmerer Ihrer Majestät das auf der Eintrittskarte für Westminster Abbey gewünscht hatte. Ja, und? Außer Spesen eigentlich nicht viel gewesen bei der Hochzeit.

Man mußte natürlich Beziehungen haben, um dabeizusein, als Andrew und Sarah sich das Jawort gaben. Journalisten mußten aber auch 135 Pfund Vorkasse leisten für das Vergnügen, auf einem Baugerüst hinter einem Pfeiler Psalmen zu singen. Soll keiner sagen, daß die Monarchie irgendwem finanziell zur Last fällt.

Doch das Fest war bei der Trauung längst vorüber. Das eigentliche Fest hatte in der Nacht zuvor auf der Straße stattgefunden.

Aus dem ganzen Land waren sie angerückt, mit Kühltasche, Kofferradio und Kuscheltier, mit Strickzeug, Liebesroman und Camping-Koffer. Die Lockwell-Bürste lag in der Butter, und an Absperrgittern hingen Zettel wie in Flüchtlingslagern: «Emma, wir sind hier!» Sie kamen kreischend, hupend, fähnchenschwingend und sackhüpfend in Schlafsäcken. Trugen Grußadressen auf Bettlaken: von Dörfern, Krankenhäusern, Sportvereinen, Liebespaaren. Auch «die Royalisten von Hampshire sind wieder da».

Vor dem Buckingham Palace nachts um halb eins legt ein wasserstoffblondes Kind aus dem Volke in einem selbstgenähten Schlauchkleid aus dem Union Jack einen kleinen harmlosen Striptease hin, bis es von Patriotinnen in blauweißrotem Häkelpullover daran gehindert wird, weiterzumachen.

Ein paar Schritte weiter warnen hübsche Zettelverteilerinnen vor den Illusionen einer Märchenhochzeit: «Frösche sind heutzutage selten geworden, und sie zu küssen bringt nicht immer das gewünschte Resultat. Viele moderne Prinzen sind abgesetzt, arbeitslos oder anderweitig vergeben. Wer es satt hat, Frösche zu küssen, möge sich an den ewig verfügbaren Prinzen des Friedens, nämlich Jesus wenden.»

Sally und Margie draußen vor der Tür auf ihrem Schlafsack hatten recht. Eine königliche Hochzeit live ist nicht dasselbe wie im Fernsehen.

Nie hätte ich gedacht, daß die 1800 Geladenen beim gemeinsamen Vaterunser und Gesang nur so ein kläglich dünnes Gebrabbel hervorbringen würden. Nie hätte ich vermutet, daß für Gäste zweiter Wahl, die im Querschiff oder hinter Säulen sitzen, an den gotischen Pfeilern Fernsehgeräte angebracht sind, damit sie Fergies Triumphmarsch zum Altar verfolgen können.

Nie hätte ich erwartet, daß mir zum liturgischen Gottesdienst-Programm auch eine Schnittmusterbeschreibung sämtlicher Roben von Queen, Braut, Lady Di, Brautmutter und so weiter – komplett mit Materialbeschreibung und Herstelleradresse – in die Hand gedrückt wird. Nur die Preisangaben fehlten.

Eine königliche Hochzeit muß in der Phantasie viel schöner sein als in echt. Der Trauungsgottesdienst wird nach draußen auf den monarchistischen Campingplatz übertragen. Und wenn der Bräutigam auf die berühmte Frage des Erzbischofs von Canterbury antwortet: «I will», dann bricht draußen ein Jubelgeröhre los, als sei ein Tor bei der Fußballweltmeisterschaft gefallen.

Ist Sarah nun dick oder nicht? Dort unten kniet sie am Altar. Durch meinen Gesangbuch-Beipack weiß ich, daß ihre Korsage aus Fischbein gearbeitet ist. Und unter der Weite des Rockes könnten sämtliche Pagen Verstecken spielen. So daß man über die in englischen Zeitungen heiß diskutierte Hüftweite keine Wette abgeben kann. Sicher ist nur, daß der prinzipienlose Paparazzi, der das erste Badeanzug-Foto von Sarah schießt, mit einem königlichen Honorar aus der Fleet Street rechnen kann.

Mag sein, daß Sarah unter ihrem gnädigen Brautkleid einen dikken Hintern hat. Aber wie sie der Nation am Vorabend der Hochzeit im Fernsehen erklärte, trägt sie ihn mit Fassung und Genuß. Der Augenschein belehrt außerdem den Gast des Trauungsgottesdienstes, daß drohendes Doppelkinn und mangelnde Taille vor allem Sache des leicht glubschäugigen Bräutigams sind. Dieser Twen aus dem Buckingham-Palast hat die Statur eines gemütlichen, biertrinkenden Familienvaters und ein Gebiß, das für zwei reichen würde. Mindestens.

Um republikanischen Mäklern entgegenzutreten, wird in englischen Zeitungen regelmäßig die Versicherung des Fremdenverkehrsverbandes veröffentlicht, daß die Ausgaben für Prunkhochzeiten allemal dicke wieder reinkämen. Wie sähe die Bilanz erst aus, dürften im englischen Königshaus auch Geschiedene erneut in Glanz und Glorie heiraten.

Prinzessin Margaret, übernehmen Sie!

WAS ICH NOCH SAGEN WOLLTE…

Über Grabsteininschriften sowie letzte und allerletzte Worte

Achim war kerngesund und keine dreißig, als ich ihm versprechen mußte, daß im Falle seines Ablebens kein falsch Zeugnis über ihn verbreitet würde. Wovor ihm graute, waren diese schwarzumrandeten Felder in der Zeitung, worin zu lesen steht: «Sein Leben galt der Firma und dem Aufbau unserer EDV-Abteilung.» Er habe, erläuterte Achim, in seinem Leben schon viel von seinen Vorgesetzten hingenommen und sei auch künftig dazu bereit, aber diese letzte Degradierung als Mann und Mensch müsse verhindert werden.

Der Horror vor einem wohlgemeinten Etikettenschwindel, gegen den man, weil tot, keinen Einspruch mehr erheben kann, hat sensible Leute vermutlich seit Erfindung des Grabsteins beschäftigt. Heinrich Heine schlug als einzig aufrichtiges Gemeißel in Marmor für sich und andere den Vers vor: «Hier liegen meine Gebeine. Ich wollt' es wären Deine!»

Das umsichtige Entwerfen der eigenen Grabsteininschrift hat etwas für sich, wenn man an den Text denkt, der sich auf einem bayrischen Dorffriedhof befunden haben soll: «Hier ruht mein Weib, Gott sei's gedankt/Solang sie gelebt hat, hat sie gezankt.»

Nicht nur späte Rache, auch gutwillige Poesie muß nicht unbedingt im Sinne des Verstorbenen sein. In meiner fränkischen Heimat erzählte ein Marterl (auf hochdeutsch: Gedenkstein), bevor es selber von der Flurbereinigung hinweggerafft wurde, vom Karrenunglück eines Bauern. Die Witwe hatte darob gedichtet: «Der Weg ins Himmelreich ist nicht weit! Um drei Uhr fuhr er fort. Um vier Uhr war er dort.»

Heute führt pietätvolle Sprachlosigkeit der Hinterbliebenen sowie der gesellschaftliche Kodex, über Tote nur noch das Allerbeste zu sagen, in Nachrufen und auf Grabsteinen zu langweiliger Unglaubwürdigkeit.

Der schwedische Volksschriftsteller Fritiof Nilsson (1895 bis 1972), ein Mann von hinreißend sentimental-komischem Talent, wollte sich dieser Gefahr nicht ausliefern, sondern rief sich selber nach: «Nilsson war ein Mann, der stets auf morgen verschob, was er heute hätte besorgen sollen. Das besserte sich erst gegen Ende seines Lebens. Da war er erstmals pünktlich: Am Datum seines Todes verstarb er noch am selben Tag.»

Die hübsche letzte kleine Eitelkeit, der Nachwelt nicht bloß als «geliebter Vater, Großvater, Onkel, Schwiegervater und Schwager» erhalten zu bleiben und aus getrennter Kasse vom Berufsverband als emsiger Schaffer gewürdigt zu werden, ist keineswegs auf Dichter beschränkt. Auch der unlängst verstorbene Handwerksmeister B. muß befürchtet haben, daß man bei seinem Tode weder Geld noch leere Worte scheuen würde. Der Gedanke an eine üppige Anzeige des Wortlauts «Er ging in die Annalen der Handwerkskammer ein als Erfinder eines neuartigen Verfahrens zur Syphon-Säuberung» muß ihm mißfallen haben. Drum entwarf auch er seinen Nachruf lieber selber: «An all meine Freunde und Bekannten! Meinen Mitmenschen habe ich es zu verdanken, daß mir das Leben so viel Freude und innere Zufriedenheit schenkte. Ich hoffe, ich tat meine Pflicht und Schuldigkeit, um so dem Sinn des Lebens entsprochen zu haben. Hiermit verabschiede ich mich in Dankbarkeit von allen...»

Charme bis zum letzten Augenblick ist eine in Vergessenheit geratene Kunst. Bevor Intensivstationen und Tonbandgeräte gebräuchlich wurden, pflegten Freunde und Familie um die Sterbenden zu sitzen und deren letzte Botschaften zu notieren. Allerhand Bücher sind darüber geschrieben worden.

Churchill klagte: «Es ist alles so langweilig!» Adenauer tröstete: «Kein Grund zum Weinen.»

Am elegantesten starb Oscar Wilde. Als der Dandy völlig verarmt und in England verfemt (wegen seiner Homosexualität, die ihn ins Zuchthaus gebracht hatte), 1900 in einer miesen Pariser Pension den Tod spürte, sollen die letzten Worte des sechsundvierzigjährigen gewesen sein: «Entweder muß diese Tapete weg oder ich!» Leider gewann die Tapete.

VON KLEINEN MENSCHEN

GÖREN, SCHLIMME MÄDCHEN, GASSENKINDER

Über eine aussterbende Art Kind

Was fürchten alle Eltern am meisten? Daß ihre Kinder in der Gosse landen. Und was fehlt Kindern heute am meisten? Ein bißchen Gosse...

In der Gosse konnte man kauern und wetten, wessen Faltbötchen aus Buntpapier den Sog des Gullys heil übersteht, ohne daß gleich jemand kam und rief: «Pfui, wie unhygienisch!»

Unser Abwässersystem ist inzwischen entscheidend verbessert, und auch unsere Kinder können sich im internationalen Vergleich sehen lassen. Schaut sie euch an, die Benetton-gekleideten Miniaturen der Erwachsenenwelt, schon mit sechs Jahren die Swatch am Handgelenk, statt der mit Kuli auf die Haut gemalten Armbanduhr. Das Krokodil auf dem Hemd, die Haare nach «Brigitte»-Vorschlägen vom Modefriseur geschnitten. Sie haben keine Rotznasen mehr, sondern Ilvico und Kleenex. Sie können prima mit dem Taschenrechner umgehen, aber weder gellend auf vier Fingern pfeifen noch aus Steinen Feuer schlagen.

Dies ist ein Nachruf auf eine ausgestorbene Sorte Kind.

Dieses Kind hatte den ganzen Sommer über aufgeschlagene Knie. Es trank, falls die Klassenkameraden zusammenlegten, für eine Mark ein Fäßchen Tinte aus oder verschluckte einen lebendigen Maikäfer. Es machte Feuerchen in verlassenen Schrebergärten, suchte Schätze in Ruinen, nahm (wenn männlich) an Weitpinkel-Wettbewerben teil und peitschte die nackten Kniekehlen junger Damen mit Brennesseln. Dieses Kind veranstaltete mit seinesgleichen Schnecken-Wettrennen und Klingelpartien, warf Ohrenkneifer in die Briefkästen schreckhafter älterer Damen und ist dennoch in seinem späteren Leben nie kriminell geworden.

Wenn es Warzen an den Fingern hatte, nahm kein Mensch psychische Ursachen an, sondern eine Leidenschaft fürs Murmelspiel. Statt von Mama im Zweitwagen zu Ballett-, Klavier- und Judo-Stunde chauffiert zu werden, verbrachte es seine Nachmittage mit dem Springseil oder auf Stelzen, wo's um die Blockmeisterschaft ging. Dieses Kind konnte angeln und mit Hammer und Säge umgehen, noch bevor es seinen Namen schreiben konnte.

Dieses Kind gibt es nicht mehr. Seit Jahren hat mich niemand mehr mit Heringsbrühe aus seiner Wasserpistole bespritzt, habe ich mich nicht mehr vergebens nach einem Portemonnaie gebückt, welches, grad wenn man's aufheben will, unter schadenfrohem Gekicher am unsichtbaren Faden ins Gebüsch zurückgezogen wird.

Es gibt heute jede Menge mißratene, neurotische, altkluge, verlogene, diebische, prahlerische, grausame Kinder wie seit eh und je. Wo ist das hinreißend freche Kind geblieben? Kirschen in Nachbars Garten kann es nicht mehr klauen, seit jeder Kleingärtner seinen Baum mit grünen Netzen überzieht. Folglich klaut es im Kaufhaus. Das spannende Niemandsland der Schutthalden und ungesicherten Bahndämme mit ihrer wüsten Vegetation ist aus den Städten getilgt. Dafür haben wir pädagogisch beschilderte Biotope und sogenannte Abenteuer-Spielplätze, wo man freilich kein verblichenes Haustier unter einer Streu von wildwuchernden Mohnblumen begraben darf und kein Süßholz paffen. Greift man eben gleich zur Marlboro. Harmlose Streiche – wie das Blasrohrschießen mit den penetrant färbenden Holunderbeeren auf die weißen Blusen grämlicher Damen – sind durch härtere Munition oder puren Vandalismus ersetzt.

Es ist heute nicht mehr möglich, sich eine unüberwachte Höhle in der Stadt zu bauen, wo man Glücksringe aus dem Kaugummi-Automaten vergraben und intim Vater, Mutter und Kind spielen kann.

Es gab zu Zeiten der Gassenkinder keinen Sexualkunde-Unterricht an der Schule. Was man wissen mußte, erfuhr man in netter Form durch Doktorspiele in der Ruine, die bei den meisten Straßenkindern Urine hieß: Beides war irgendwie tabu und lief auf Beschäftigung mit dem Unterleib hinaus.

Es gab zu Zeiten der Gassenkinder noch das wummernde Herz, wenn man sich getraut hatte, entgegen allen Verboten auf den Gleisstrang zu klettern, bevor der Zug nach München durchkam, und dort einen Pfennig akkurat auf die Schiene zu legen. Und ihn nach

Durchbrausen des Zuges knallheiß, platt und schimmernd wie Gold wieder zu holen.

Mich wundert oft, daß ich nicht gestorben bin in meiner Kindheit. Wo doch noch kein Mensch Goldregenbüsche rodete, bloß weil deren Samen giftig sind, wie jedes aufgeklärte Kind weiß. Wo wir doch alle Rabenmütter hatten, die morgens drei Kreuze schlugen, wenn wir endlich die Wohnung verließen zu unseren unüberwachten Spielen. Wo keine liebe Rentnerin quäkte: «Hat eure Mutter das erlaubt?», wenn wir, mutprobenhalber, von den höchsten Mauern sprangen oder an der tiefsten Stelle des Flusses Wassermännchen hüpfen ließen.

Wenn ich mir meine eigenen Kinder anschaue, dann tun sie mir oft leid. Sie haben kaum eine Chance, mal dem pädagogischen Argusauge zu entgehen. Private Naturforschung durch Stochern im Ameisenhaufen? Darüber müssen wir reden. Aus ökologischen Gründen kann ich das nicht dulden, sowenig wie das Einfangen von Schmetterlingen, das Halten von Käfern in Zigarrenkisten, das Schnitzen von Herzen in Baumrinde und was anderes Kinderglück mehr war…

BARBIE ODER DIE EINSICHT, DASS ELTERN AUCH NUR MENSCHEN SIND

Über ein gängiges Problem

Die schicke Mutter ist bestürzt, bei aller Vorurteilsfreiheit: Dafür hat sie nun vorübergehend auf Berufstätigkeit verzichtet, das Kind im Zweitwagen zum Ballett- und Musikkurs chauffiert, schon im Alter von sechs Jahren zur Picasso-Ausstellung mitgenommen. Und was ist der Dank? Eine Liebe unter Niveau! Auch der sensible Vater wettert ganz gegen seine Gewohnheiten: «Die kommt uns nicht ins Haus!»

Doch sie wird kommen, so sicher wie das Amen in der Kirche. Besonders zu Weihnachten.

Ihr Name ist Barbie, wie der des Nazi-Schurken. Und ähnliche Betroffenheit verbreitet die Ankunft einer Barbie-Puppe im postmodernen Heim mit seinen durchgestylten Kindern.

Früher mal galt es als Infamie, wenn kinderlose Patentanten Pauken und Trompeten schenkten. Heute kann man in gewissen Kreisen Kinder nicht glücklicher und Eltern nicht unglücklicher machen als mit Barbie und ihrem kolossal vulgären Hausstand.

Barbie, die alles hat und tut, wovor man die eigene Tochter bewahren möchte: Barbie ist magersüchtig, wasserstoffsuperoxydblond, dem Konsumrausch verfallen. Sie hat deformierte Füße vom Tragen zu kleiner Stöckelschuhe und wählt sich falsche Männer. Ken, der Mann mit dem leeren Gesicht unter der Nichtstuer-Bräune, trägt im Katalog schon am frühen Morgen einen weißen Smoking. Ihre beiden Kinder hat Barbie vermutlich von Leihmüttern austragen lassen, denn ihr Becken ist so verhunzt, daß sie ihre Reitpferde aus Vollplastik nur im Damensattel besteigen kann.

Wir haben beileibe nichts gegen Puppen. Sie werden ganz im Gegenteil auch dem Brüderchen aufgedrängt, das von morgens bis abends brumm-brumm im Kinderzimmer flegelt und Autounfälle probt, als sei's ein Lehrfilm für Gurtmuffel. Geschlechtsspezifische Erziehung ist uns ein Greuel, weswegen der Bub zum Geburtstag statt Lego die weiche Babypuppe bekam. Welche jetzt allerdings, kuli-tätowiert mit Totenköpfen, als gewindelter Schrankenwärter an der elektrischen Eisenbahn Dienst tut.

Jetzt, wo die Kinder aus dem Gröbsten raus sind und die Mutter vor folgenreichen Sentimentalitäten geschützt ist durch die Spirale oder das ökologisch wertvolle Diaphragma, jetzt sollen fürs Gemüt gern Puppen her, denn die machen weniger Arbeit als junge Hunde oder Goldhamster.

Ehrlich, fast alle Puppen wären willkommen. Negerbabies sind süß und dokumentieren die Aufgeschlossenheit der Erziehungsberechtigten. Die Pappmaché-Trine aus dem Dritte-Welt-Basar, der geschnitzte Pinocchio aus der Beschützenden Werkstatt werfen ein wohltuendes Licht auf den Geber. Schlaffe Stoffleiber von der alternativen Freundin, die seit ihrer Scheidung Flickerlteppiche macht, gelten als pädagogisch wertvoll. Wo reiche Großeltern vorhanden, fälschen Eltern den Wunschzettel des Töchterchens gern in Richtung einer original Käthe-Kruse-Puppe. Dem Herzinfarkt nahe wird die modische Mutter sein, wenn sie ein Vierteljahr später feststellen muß, daß ihre goldige Laura die Edelpuppe bei Fatima, dem praliné-äugigen Kind der türkischen Putzfrau, gegen eine einarmige Flohmarkt-Barbie nebst Hochzeitskutsche eingetauscht hat.

So was hat man einfach nicht! So was hat man sowenig wie einen beleuchteten Zimmerspringbrunnen oder einen röhrenden Hirsch. Drum beten elegante Eltern alljährlich um ihr Renommee: Lieber guter Weihnachtsmann, verschon mein Haus, bring keine Barbie an!

Doch unter manchem Tannenbaum wird ein zahnlückiges kleines Mädchen sitzen und zum erstenmal in seinem Leben ein falsches Lächeln lächeln. Es wird höflich-dankbar die bezopfte Katrin oder das Heinerle in den Armen halten und sich betrogen fühlen um seinen ersten amerikanischen Traum.

STRESS, LASS NACH!

Über Kindergeburtstage, die den Erwachsenen imponieren sollen

Keinen Tag im Leben einer ehrlichen Frau würde ich ihr als Menschenfreund lieber ersparen als den modernen Kindergeburtstag in besseren Kreisen. So was Verheucheltes, Anstrengendes und Konsumgeiles gibt's nicht noch mal. Weihnachten ist ein Klacks dagegen.

Warum hat mein Georgie beim Flaschendrehen nur eine Tüte Gummibärchen gewonnen statt der begehrten magnetischen Hündchen? Wo wir uns doch nicht lumpen ließen und ein echtes Steifftier mitbrachten, welches dies unerzogene Balg nur achtlos in die Ecke feuerte...

Früher mal brachten Kinder dem Geburtstagskind ein kleines Geschenk mit und begnügten sich im Gegenzug mit einem Stück Kuchen, einer Bockwurst und einem Becher Kakao. Haben Sie schon mal die Baby-Hyänen der späten achtziger Jahre aufheulen hören, wenn sie sich von Mama die Lackschühchen oder das beste Smok-Kleidchen überziehen ließen, und dann waren in der Tüte mit den heutzutage obligaten Gegengeschenken nur Kaugummis und Luftballons drin?

Übrigens handelt es sich dabei auch immer seltener um eine ordinäre Tüte. Ehrgeizige Mütter lassen ihrer kunstgewerblichen Ader freien Lauf und offerieren Stoffbeutel mit dem Monogramm der Gäste in Perlstickerei oder Kartoffeldruck. Oder geben Holzbrettchen, auf dem der Name unseres Kindes in Brandmalerei verewigt ist. Da halte einer als berufstätige Rabenmutter mit...

Um mitzuhalten, bleibt dieser Frauenspezies dann nur die Anmietung des Kindertheaters, eines Clowns oder Kirmeskarussells mit anschließendem Diner bei McDonald's.

Frauen- und Wohnzeitschriften befördern den Wahn, der Kindergeburtstag sei für alle Beteiligten ein Kinderspiel. Dabei braucht man gar nicht vom Fach zu sein, um zu sehen, daß dort ein Atelier-Team ein halbes Jahr darauf hingearbeitet hat, damit an Klärchens fünftem Geburtstag alles ganz zufällig aussieht. Und wo sie diese lammfromm in die Kamera lächelnden Kinder auftreiben, weiß ich auch nicht. Alles easy. So als habe die Mutter erst gestern abend mit dem Schnipseln der geschmackvollen Raumdekorationen angefangen. Und die Torte – sieh mal, Friederike, wie originell – ist genau 98 Zentimeter hoch wie das Geburtstagskind!

Wer selber Kinder hat und noch nicht ganz korrumpiert ist, weiß leider auch, daß solcher Psychoterror mitnichten nur einmal im Jahr stattfindet, sondern etwa einmal im Monat. Dieses Fest kommt in mehreren Bedrohlichkeitsstufen für Mutter und Kind daher: Geburtstag des eigenen Kindes (zuvor eine Woche Durchgedrehtheit). Geburtstag vom Geschwisterkind (Neid & Mißgunst, die durch Sonderzuwendungen geglättet werden müssen). Es folgen die Geburtstage der Freunde (verdorbener Magen; schlaflose Nächte) sowie der Geburtstag vom verhaßten Vetter vom Kind (dessen Mutter aber doch unsere liebe Schwester ist; hingehen also unumgänglich). Schließlich gibt es – Drama! – den Geburtstag vom Kindergartenfreund, zu dem es wegen gestriger Auseinandersetzung über ein Lego-Bauwerk ausgeladen wurde.

In jedem Fall: Sozialer Stress hoch drei, aus dem sich unser armer Dreikäsehoch leider nicht so einfach befreien kann wie unsereiner. Indem er etwa wie Papa behauptet, berufliche Anforderungen hinderten ihn leider, an gebührlichen Feierlichkeiten zu seinem Jahrestag oder an der Superfête bei Oskar, zu der er gar nicht geladen war, teilzunehmen.

Aber Kinder müssen da durch. Auch wenn keine Keilerei so weh tut wie eine Nicht-Einladung.

Was es dem Kind nicht leichter macht, sind aufgeklärte Eltern: Selbstverständlich jederzeit bereit, sich mit einem ungerechten Pauker anzulegen. Fabelhafte Mütter und Väter sind wir, geben nix auf Grundschulzeugnisse. Wichtig im Leben sind die sozialen Fähigkeiten, nicht wahr? Auf Fabians Linkshändertum ist man fast ein bißchen stolz, wer will schließlich schon ein total angepaßtes Kind? Aber daß ihn die wonnige Mareile von nebenan zu ihrem siebten Geburtstag nicht dabeihaben will, macht uns stutzig. Ist die verhaltensgestört oder etwa unser eigener Sonnenschein?

Kinder müssen schließlich immer häufiger herhalten als Vehikel zur Überwindung der Kontaktschwierigkeiten ihrer Eltern. «Was, du ziehst nach P. und kennst dort keinen? Aber ihr habt doch Kinder...» Der ins Villenviertel aufgestiegene Computerfachmann und seine Gattin schauen sich also erst mal in Ruhe die Kinder im Mittelklasse-Getto an und entscheiden dann, mit welchen Erwachsenen Kontaktanbahnung sich lohnt. Je nach Geschmack und Gesinnung geht man betont herzlich auf die Erziehungsberechtigten des kleinen Oliver in seinem übergroßen Osh-kosh-Overall zu oder auf die Perlenketten-Mutter von Laura, die bereits über ihrem Windelhintern einen echten Kilt anhatte.

Die Kinder werden fortan nicht mehr viel gefragt. Ehrlich gesagt ist es so, daß wir und nicht das Kind geschmeichelt sind, wenn es eine Einladung zum Kindergeburtstag bei Tristan kriegt, dessen Eltern nicht nur eine florierende Anwaltspraxis haben, sondern auch einen Botschafter in der Familie.

Unser Kind hat sich für den verwöhnten Tristan sein liebstes Playmo-Männchen vom Herzen gerissen, welches leider schon seit längerem einbeinig und mit wüsten wasserfesten Kritzeln bedeckt ist. Wir wissen jedoch sehr gut: Tristan und seine Eltern würden uns einen sehr merkwürdigen Blick zuwerfen, ließen wir dies innige Geschenk durch die Zensur gehen. Also kaufen wir ein gutes Kinderbuch und betrügen unser Kind in letzter Minute um seine zwei Tüten phantasievollen Sperrmülls, die es mitzunehmen gedachte. Kriegt statt dessen einen putzigen Maßliebchenstrauß in die Hand.

Und was sagt man einem Zehnjährigen, wenn auf der Einladung zum Kindergeburtstag steht «Tennisschläger sind mitzubringen», unsere finanziellen Verhältnisse aber nicht so sind, daß wir unsere Kinder so serienmäßig mit Rackets versorgen wie mit Hausschuhen?

Und wie machen wir unseren kulturellen Standpunkt klar, wenn uns dieser Zehnjährige kurz vor seinem Geburtstag sagt, daß all seine Kumpels feste drauf hoffen, außer Speis und Trank auch einen duften Videofilm geboten zu kriegen?

Steinigt mich. Ich hasse Kindergeburtstage. Und weiß mir am Ende kein anderes Mittel als die Psychiater des 19. Jahrhunderts: Nämlich ausgedehnte warme Wannenbäder für alle nervlich Geschädigten.

NACHRUF AUF DIE GUTE ALTE OMA

Über Großmutters Wandlung zur flotten Marion

Sie wollte weder braun, dünn, schick noch beruflich erfolgreich sein. Schwer atmend setzte sie sich in Begleitung ihres dicken Dackels auf die allernächste Parkbank. Sie nannte ihr kneifendes Mieder noch ohne Umschweif Korsett, ihren Regenschirm Paraplü und den Urlaub Sommerfrische. Trotz ihrer Gummistrümpfe war sie uns selbst während der unflätigen Jahre der Pubertät nie peinlich, da sie nie und nirgendwo was anderes sein wollte als eben «die Oma».

Oma war Zimmerpflanzendoktor, Zitatenlexikon, Einmachhilfe und Kunststopferin; auch nie verlegen um einen schmalzigen Vers fürs Poesiealbum. Sie fälschte Hausaufgaben und wußte die besten Plätzchenrezepte, die sie keinem verriet – schon gar nicht der herben Schwiegertochter.

Auch Enkel kriegen irgendwann Kinder und sehen sich einer völlig veränderten Oma gegenüber. Sie heißt schlicht Marion, denn das Wort Oma will einem angesichts dieser flotten Frau nicht über die Lippen. Ihr Dackel ist so schlank wie sie selber. Sie hat soeben das Goldene Sportabzeichen gemacht. Ihren letzten Urlaub verbrachte sie in Israel, und derzeit macht Marion den Volkshochschulkurs in Französisch.

Wirklich, wir haben allen Grund, auf die Großmutter unserer Kinder stolz zu sein. Wir sagen ihr das auch. Sofern wir sie mal sehen. Aber Marion ist eine lebenskluge Frau und witzelt gern: «Fisch und Besuch pflegen binnen kurzem zu stinken», und entschwindet. Zurück in ihren Beruf oder zum Opa, der ohne ihre Aufsicht zuviel Cholesterin ißt.

Der ausgestorbenen Oma, unserer also, war vor keiner Kalorie bang, solange diese nur die Seele polsterte. Nach einer Fünf im Diktat führte der erste Weg zu ihr, und sie briet unverzüglich einen Kaiserschmarren. Fragen nach dem Selbstverschulden lagen ihr fern. So empfahl sie auch später beim ersten Liebeskummer keine Aufarbeitung, sondern schleuniges Weitersuchen: Wer ihre Enkel nicht liebte, der war sowieso kein feiner Mensch.

Oma hatte ihre Macken. Immer wollte sie uns in blauen Mänteln mit weißen Perlmuttknöpfen sehen statt in Amihosen. Aber sie war immer für uns da, so daß unsere Eltern auch mal allein verreisen konnten. Da gab's dann täglich Leibgerichte, und wir genossen der guten Oma Wandlung zum temperamentvollen Drachen, wenn Nachbarn nicht immer zu Unrecht behaupteten, wir hätten im Treppenhaus Krach gemacht.

Auch Marion liebt ihre Enkel über alles und schenkt stets pädagogisch wertvolles Spielzeug. Sie versichert, wie gern sie jederzeit einspränge, falls Not am Mann sei. Aber ausgerechnet heute abend geht es nicht. Denn da ist Marion beim autogenen Training, um sich das Rauchen abzugewöhnen. Wir geben mit unserer modernen Großmutter 90 Prozent der Zeit mächtig an.

Nur manchmal beschleicht uns die lästerliche Sehnsucht nach einer guten alten Oma fürs Grobe. Nach einer weisen Frau, die etwas hat, was wir nicht haben: Zeit. Die unsere streßbedingten Ungerechtigkeiten in der Kindererziehung auffängt. Die sagt: «Facharzt? Papperlapapp. Wadenwickel reicht.» Die mit älteren Enkeln Schwarzer Peter und Mensch-ärgere-dich-nicht spielt. Wobei sie virtuos schummelt, um nur ja nicht zu gewinnen. Moderne Großmütter sind pädagogisch belesen, was ihnen eine stählerne Aufrichtigkeit verleiht: Man darf Kinder niemals belügen, noch nicht mal, um sie bei Stadt-Land-Fluß gewinnen zu lassen. Kinder müssen verlieren lernen, das übt wünschenswertes soziales Verhalten ein.

Das Fabelhafte an Marion ist, daß sie sich gelobte und auch daran hält, uns niemals hineinzureden. Dabei würden wir uns manchmal nichts sehnlicher wünschen. Weil wir an unseren Kindern kompensieren, was wir selbst in unserer Kindheit mißlich fanden, schießen wir genauso übers Ziel hinaus wie Marion, die auch ganz anders und viel besser sein will als ihre Eltern.

Die Oma von gestern lehrte allein durch ihr Dasein Toleranz: Mama war schön, und Oma war eben alt, kurzsichtig, füllig, weißhaarig, unmodern, und man mußte aufpassen, daß sie ihr Portemonnaie nicht in der Konditorei liegenließ. Wir liebten beide Frauen.

Zu meiner Kinderzeit gab's ein Faschingslied: «Meine Oma fährt im Hühnerstall Motorrad.» Darüber kann heute kein kleines Kind mehr kichern. Denn ausgeschlossen ist dies keineswegs.

PORTRÄTS IM NEONLICHT

KNALLHART ALTERNATIV

Über die Aufsteiger unter den Aussteigern

Stimmt, liebe Kinder: Ich wollte euch immer die Geschichte erzählen, daß Qualität nicht teuer sein muß. Beziehungsweise, wie sich Caro (vormals Karin) trotz ihres geringen Einkommens so ein ultraschickes Loft leisten kann und noch einiges mehr.

Auf dem Papier ist Caro zur Zeit beschäftigungslos und kriegt Alu. In Wahrheit ist Caro natürlich rund um die Uhr beschäftigt, wenn auch nicht mit so stießeligem Zeug wie geregelter Arbeit, Steuerkarte und all so'n Quatsch.

Caro trefft ihr als aufmerksame Beobachter der Szene mindestens einmal pro Woche, wenn sie für zwei schwarze Blaue Cocktails mixt für eine Ausstellungs- oder Geschäftseröffnung. Manchmal modelt sie ein bißchen, manchmal führt sie die zittrigen Afghanen verreister Penthouse-Besitzer spazieren, manchmal dealt sie ein bißchen mit grünem Afghanen.

Mit anderen Worten: Caro ist der perfekte Tempo-Typ, und deswegen kriegt sie die gleichnamige Zeitschrift auch immer umsonst von einem befreundeten Redakteur. Es ist ein Jammer, daß Caro ihre Talente der Schattenwirtschaft verschrieben hat. Als Kauffrau wäre sie absolute Spitze, denn im Preisdrücken macht ihr keiner was vor. Zu Caros Spezialitäten zählt nämlich auch, andere arbeitslose Jugendliche für sich arbeiten zu lassen.

«Laß uns doch Klartext reden, Borsi», sagt sie etwa. «Entweder du verdienst nix oder bei mir zehn Mark die Stunde. Dafür mußt du dann aber auch ranklotzen. Bei mir ist es nicht so wie bei den kapitalistischen Säcken, verstehst du, die das alles auf Steuerabschreibung machen. Ich bin Künstler und habe finanziell selber meine liebe Not.»

Das Künstlerische kann man Caro nicht direkt absprechen, wiewohl es sich hauptsächlich auf die Ausgestaltung ihrer Person beschränkt.

Manni, den Maler, den armen Teufel mit der operierten Hasenscharte, kennt Caro noch von der Berufsschule her. Das war lang bevor Caro diesen reichen Stereo-Händler traf, der sie dank seiner Beziehungen zwei Semester Werkkunstschule machen ließ. Das war noch, bevor Caro diesen Phono-Fritzen wieder sausen ließ für einen duften Typ von der Kulturbehörde, der ihr den Job als Kulissen-Anstreicherin beim Festival der Kontinente besorgte. Seither nennt sich Caro Künstlerin. Manni, der Maler, blieb Anstreicher. Er war immer schüchtern mit Frauen. Daß Caro ihn auf dem ausverkauften Popkonzert, wohin er nur als Mitglied der Freiwilligen Feuerwehr gelangen konnte, vor aller schicker Leute Augen umhalste, das hat ihm gutgetan. Klar streicht er ihr die Bude zum Selbstkostenpreis, mein Wort darauf!

Jetzt, liebe Kinder, die ihr in der Schule gut aufgepaßt habt, werdet ihr vielleicht fragen: Wie aber kommt es denn, daß man die tapfere Caro trotz chronischen Geldmangels immerfort in den besten Restaurants antrifft?

Dies Thema wird im Sexualkunde-Unterricht meist totgeschwiegen. Aber ihr müßt wissen, daß es heute wie vor hundert oder tausend Jahren immer noch genügend reiche Männer gibt, die gern mit einem schönen Mädchen in teure Lokale gehen, damit man denken soll, da wär was mit Sex.

Aber Sex ist schließlich nicht alles im Leben. Das sagt nicht bloß euer Lehrer, das sagt auch die Caro ihren zahlungskräftigen Liebhabern. Denn reden kann sie.

Wenn Caro etwas nicht leiden kann, dann sind es Kleinbürger. Weil Prinzipienreiterei aber auch spießig ist, macht Caro schon mal 'ne Ausnahme. Die Ausnahme ist ihre Schulfreundin Heidi, die einen langweiligen Gartenmöbel-Fabrikanten geheiratet hat und mit zwei Kindern, Meerschwein und vielen Rhododendronbüschen auf dem Villenhügel am Stadtrand lebt. Heidi kauft sich im verzweifelten Versuch, am Leben teilzuhaben, manchmal Designer-Klamotten für ein Geld, wovon man nach Meinung ihres Gatten Ferdinand einen neuen Heizungskessel installieren könnte. Heidi ist geschmacklich ein bißchen unsicher, das muß gesagt sein. Da ist es nur gut, daß alle paar Wochen Caro vorbeikommt. Mit einem fröhlichen Hallöchen und einem feschen Angelhaken im Ohrläppchen bricht Caro als Trendwind aus der City in Heidis Bungalow ein und kassiert ab. Aufgrund der alten Freundschaft muß sie der Heidi einfach sagen, daß der Jil-Sander-Pullover ihr nicht wirklich steht und daß der Saint-Laurent-Blazer sie, ehrlich gesagt, ein bißchen alt macht. Heidi ist froh über die kostenlose Typ-Beratung, zieht dankbar Caros ausgeleierte Jeansjacke über, kommt sich bis zur Heimkehr ihres Mannes unerhört schick darin vor und findet es richtig süß von Caro, daß diese die ausrangierten Garderoben-Teile an eine Familie in Polen schicken will.

Jetzt, liebe Kinder, wißt ihr auch endlich, warum die arme tapfere Caro immer so schön angezogen ist. Hat jemand noch eine Frage?

Ach, so, ihr meint, diese wahre Geschichte sei frauenfeindlich? Dann nennen wir Caro einfach Carlo (vormals Karl-Heinz).

VERNUNFT MAL ZWEI = DINKS

Über die umworbene Spezies der kinderlosen Doppelverdiener

In modernen Geschichtsbüchern sind die Amerikaner berüchtigt für die Auslöschung ganzer Völkerstämme. Bei Soziologen hingegen sind sie berühmt für die unermüdliche Entdeckung neuer Stämme.

Wem verdanken wir schließlich die Singles und die VIPs, die WASPs, die NOCDs (Not Our Class, Darling) und die Preppies? Kaum haben wir uns von der anstrengenden Imitation der YUPPIEs erholt, da tischen uns die Amerikaner schon wieder eine neue gesellschaftswissenschaftliche Hybrid-Kreuzung auf: die DINKs. Heißt: Double Income, No Kids. Auf gut deutsch: Kinderlose Doppelverdiener.

Wir und unsere Wissenschaftler sollten sich schämen. Wie die Statistik lehrt, haben wir prozentual viel mehr von denen – von den Paaren mit hohem Einkommen, die zum Kinderkriegen entweder keine Lust oder keine Zeit haben und sich deswegen mit Siamkatzen und Huskie-Hunden begnügen und vergnügen.

Man muß es verstehen: Hauspersonal ist ausgestorben. Au-pair-Mädchen sind ein unvollkommener Ersatz. Die haben immer so hochgeschraubte Erwartungen ans Erlernen einer Fremdsprache und wollen sich nicht mit «Wauwau» und «Auto brummbrumm» begnügen. Auch interessieren sie sich häufig mehr für die Psyche örtlicher Popmusiker als für die Kinderseele von Conrad jun.

Fürs liebe Vieh oder die Versorgung der Birkenfeige können DINKse jedoch gegen Barzahlung jederzeit die Putzfrau gewinnen oder die «Helfenden Hände». (Diese Angehörigen der Sekte Heimholungswerk, in Süddeutschland schon sehr verbreitet, zeichnen sich durch mustergültiges Dienen aus; nie würden sie eine kleine

Ikone oder den Jahrgangs-Cognac mitgehen lassen, wenn man ihnen den Schlüssel zu Haus und Hof gibt.) Solche modernen Dienstleister sprechen gegen Gebühr mit Hund und Katz und Parmaveilchen, während die DINKse auf Reisen sind. Auf getrennten Geschäftsreisen im allgemeinen, denn zum gemeinsamen Müßiggang fehlt ihnen wie zum Kindermachen meist die Gelegenheit.

Die DINKse sind ins öffentliche Interesse gerückt, weil sie die ideale Zielgruppe sind für Produkte, die der normale Mensch nicht dringend braucht. Die DINKse haben die Bevölkerungsstatistiker zum Feind und die Hersteller gehobener Elektro-Artikel zum Freund. Bei wohlhabenden Paaren, wo keine quäkenden Kinder den Feind abschrecken, muß – weil auf das Verbellen bei Modehunden keineswegs Verlaß ist – zum Beispiel eine elektronische Einbruchsicherung her. DINKse ohne Mikrowellenherd kann man sich sowenig vorstellen wie DINKse ohne Anrufbeantworter. Den brauchen sie schon deshalb, damit sie manchmal wenigstens noch die Stimme des Partners hören können: Marion spricht Rolf vom Flughafen Rom aus aufs Tonband, daß im Tiefkühlfach noch Scampi stehen. Rolf ruft Marion gegen 22 Uhr aus dem Top-Secret-Meeting an, wohl wissend, daß sie noch im Fitness-Center ist, und bittet sie, seinen Zahnarzt-Termin morgen früh abzusagen. DINKse haben schon alles und noch Geld übrig, bloß keine Zeit. Noch nicht mal fürs Shopping. Drum sind sie die Lieblingskundschaft gehobener Versandhäuser «für Chef-Bedarf».

Mein Vorgesetzter (einfaches Einkommen, weder Kind, Hund noch Katze meines Wissens) wendet ein, daß DINKse nur Papiertiger seien, nämlich nichts weiter als verdoppelte, unfruchtbar gepaarte Singles. Er hat unrecht. Singles kaufen keine Mikrowellenherde, die gehen lieber zum Mode-Italiener. Singles besuchen Saunen, Spätvorstellungen und Bars, statt sich selber Whirlpools, Video und Weinkeller anzuschaffen. Singles suchen, DINKse haben ihr Ebenbild schon gefunden. Mit dem sie sich in eine gemeinsame Wohlstandsfestung einigeln.

Singles sind meist stolz darauf, keinen finanziellen oder familiären Ballast mit sich herumzuschleppen. DINKse dagegen spielen verbissen Familie mit Eigentumswohnung, Treue-Kodex, Schwiegermutter-Besuch. Nur daß sie sich statt Kinder eine kostbare Puppensammlung halten oder lebende Schmusetiere, die sorgsam zum Entlausen, Impfen, Fortpflanzen oder Kastrieren gebracht werden.

Von den sattsam bekannten Yuppies unterscheiden sich die DINKse, indem sie erstens nicht immer jung sind, zweitens nicht unbedingt in Modeberufen und Großstädten zu Hause. Reinrassige DINKse gedeihen auch in der Provinz, wo Franz Baulöwe ist und Elfriede fünf Putzkolonnen befehligt oder drei Edeka-Läden.

Die Zweier-Isolation der DINKse unterscheidet sich auch von der gewollten Kinderlosigkeit gewisser grüner Kulturpessimisten («Fleisch von meinem Fleische? – Nicht in diese verseuchte Welt!»). Denn DINKse sind rasend fortschrittsgläubig und lieben das Wort Qualität über alles. Aber quality-time, so einsichtig sind sie, könnten sie für ein Baby kaum aufbringen. Da ist der Boss, die Aktienkurse, der anspruchsvolle Partner davor.

DINKse jüngerer Jahrgänge konvertieren allerdings noch manchmal. Nachdem man sich Ferien auf den Seychellen, zwei BMW, Yacuzzi-Badewanne und drei Angorakatzen geleistet hat, will einem manchmal nichts Aparteres mehr einfallen als ein selbstgemachtes Kind. Für dieses werden dann schon im Fötal-Stadium italienische Lackstiefelchen angeschafft und winzige Kieler Matrosen-Anzüge.

DAS PASSAGENWIESEL

Über einen neuen Menschentyp aus dem Dickicht der Städte

Es heißt immer, daß sich der Mensch seine Umwelt erschaffe. Doch daran muß man nicht unbedingt glauben. Vielmehr gibt es reichlich Beispiele für die These, daß Umweltstrukturen nach geraumer Zeit selbsttätig den dazu passenden Menschentyp gebären.

Das Militär hat den Kommißkopp hervorgebracht, Behörden den Bürohengst; die Hitlerei erst das BDM-Mädel und dann die Trümmerfrau. Nicht umgekehrt. Ohne Hochhäuser gäb's keine Stadtneurotiker, ohne Vorortsiedlung keine grünen Witwen. Asphalt-Cowboy, Disco-Maus und Kellerkind sind ebensosehr Produkte ihrer Umwelt wie ihrer Eltern.

Die Trümmer und die trüben Kellerwohnungen sind weitgehend aus unserem Stadtbild verschwunden. So garstige Hochhäuser und Schlafstädte wie in den sechziger und siebziger Jahren werden kaum mehr gebaut, und die Mega-Diskotheken sind inzwischen überwiegend aufs flache Land verschubt. Unsere Innenstädte sind kosmetisch runderneuert: Strahlen im Glanze ihrer Fußgängerzonen, Kandelaber, Kugelbäumchen. Hinterwäldlerisch die Stadtväter, die sich wegen der meteorologischen und ökonomischen Großwetterlage noch keine dieser glasüberkuppelten Einkaufspassagen zugelegt haben! Zwar muß sich der dösige Passant oft kneifen, um herauszukriegen, ob er grad in Frankfurt, Hamburg oder München ist, weil sich die schnieken Gallerias gleichen wie einst das obligate Kaiser-Wilhelm-Denkmal. Aber was sein muß, muß sein.

Jedenfalls: Seit die deutschen Städte, die sich ohne Schamesröte im Prospekt als City oder Metropole bezeichnen, seit die also «das urbane Leben» mit Fleiß überdachen und desinfizieren, ist es ihnen auch wieder mal gelungen, ein neues Polaroid-Foto vom Bild des Menschen anzufertigen.

Diesen vermutlich nicht lange haltbaren Menschentyp wollen wir hier kurz und bündig «das Passagenwiesel» nennen.

Das Passagenwiesel ist zweigeschlechtlich, aber Männchen und Weibchen sind schwer auseinanderzuhalten, weil sie beide balzen, Prachtgefieder tragen und sich überhaupt austauschbar verhalten. Sozio-biologisch ist das Passagenwiesel verwandt mit dem ebenfalls androgynen Stamm der Schicki-Mickis, jedoch höher entwickelt.

Wie jene lebt das Passagenwiesel zwar nicht von Wasser (Perrier) und Luft (in der Rechnung), doch überwiegend vom Sehen und Gesehenwerden. Nur: Es ist viel schneller. Es ist flink wie sein Namensvetter in der Natur. Es verläßt sich nicht darauf, an einem renommierten Ort angetroffen zu werden, sondern wetzt sicherheitshalber von einer In-Kneipe in die nächste und zurück. Wenn nötig, fünfmal in zwei Stunden.

Das Passagenwiesel inszeniert täglich den Wettlauf zwischen Hase und Igel. Wenn wir in der Zeitung lesen, irgendwo habe ein vielversprechender neuer Sushi-Laden aufgemacht, war das Passagenwiesel schon längst dreimal da.

Das Passagenwiesel ist folglich immer in Eile. Den caffé corretto in der Espresso-Bar noch nicht ganz ausgetrunken, muß es schon weiterhecheln: «Ciao, ich komm gleich noch mal rum!» Donnerwetter, denken wir bräsig Bürgerlichen, von uns nimmt der Wirt noch nicht mal einen Scheck, aber dem gibt er Kredit! Muß wer sein. So ist das Spiel auch gedacht.

Das Passagenwiesel, immer bestens informiert, ist inzwischen weitergeschwänzelt in den Schmuckladen, wo Lydia aus Holzkohle und Platin diese Wahnsinns-Clips macht. Dort gibt's heute vormittag nicht Freibier – nein, was für ein vulgäres Wort –, aber bißchen Champagner. Für gute Kunden und solche, die aussehen, als ob sie welche werden könnten. Genauso sieht ein Passagenwiesel immer aus.

Nur die Jungens von der Fotogalerie wagen unser Passagenwiesel neuerdings halböffentlich des Schnorrens zu verdächtigen. Aber das war, weil es das signierte Foto einer Autobahntoilette für 3000 Mark erst drei Wochen bei sich ins Loft hängte und dann mit Kratzer zurückgab.

Passagenwiesel hat es geschafft, noch vor drei Uhr nachmittags im Center für typgerechte Tiefenatmung und gesundes Make-up (oder war's umgekehrt?) zu sein, hat im Stehen drei Austern verzehrt und eine lose Verabredung mit Clemens vom Platten-Shop getroffen. Wegen einer Rundfunksache. Nicht, daß Passagenwiesel beim Radio arbeitet, aber er kennt da jede Menge Leute. No problem.

Wer an einem solchen typischen Tag eines Passagenwiesels eigentlich wen bescheißt – das ist die große Frage. Die zum Glück keinen Armen trifft.

Passagenwiesel erinnern in ihrer gesellschaftlichen Funktion an die ausgestorbenen Claqueure der großen Opernhäuser. Das waren die Leute, die gegen Freikarten jubelnde Begeisterung für eine bestimmte Sopranistin oder einen auswärtigen Tenor lieferten.

Das Passagenwiesel – auch es ist im Besitz von Gesellschaftskleidung, hat meist keinen Groschen auf der Naht, ist dafür aber unüberhörbar – erfüllt sehr ähnliche Dienste. Es promoted wacklige Unternehmen. Und wird dafür in den hauseigenen Passage-Zeitschriften so liebevoll erwähnt, als sei es wirklich prominent: «Auch Hansi von C. aus der Werbeagentur Alpha läßt sich im Pullovershop Elvyra immer gern blicken.» Oder: «Gar zu gern schaut Cleo vom ‹Manhattan› tagsüber im Neon-Postkartenladen Sygma vorbei.»

Bis vor kurzem lief die Chose ja noch eher umgekehrt. Gern trugen Hansi und Cleo zu passenden und unpassenden Gelegenheiten die irre schicken Einkaufsbeutel der «Chemiserie» spazieren. Damit jeder sehen konnte, was ihr de facto nichtssagendes Hemd am Leibe faktisch gekostet hat. Jetzt geht es andersrum. Der Kunde ist leider nicht wieder König. Aber wenigstens Königsmacher. Eigentlich ist es ein Rückfall in die Zeiten der Hoflieferanten. Unter scheindemokratischen Vorzeichen. «Appointed to her Majesty the Queen» verkauft in Monarchien heute noch jeden Senf. Und gutgeheißen von den scharfen Jungs der mobilen Disco «Plattensalat», wird jeder Haarschneider zum Kultfrisör und jeder Schreibwarenladen zur Papeterie. Andre Länder, andre Sitten. Andre Zeiten, andre Helden.

DER WOCHENEND-LÄNDLER

Über Stadtbewohner mit einem wachen Ohr an der Scholle

Im Märzen der Bauer die Rößlein einspannt, und Sylvie zieht ihren Armani-Blazer aus und schlüpft in kaschubische Röcke mit Holzpantinen. Rolfs Mantel aus echtem Kamelhaar kommt in die Reinigung, denn im Landhaus kriegt er den Loden an, den man, Gott sei Dank, zusammen mit der gut gedengelten Sense bei der Nachlaßversteigerung vom alten Bauern Gottfried ergattern konnte. Gott sei Dank, weil es ja Ewigkeiten dauert, bis so ein Loden aussieht, als hätte man ihn schon getragen, bevor er Mode wurde.

Die Jungbäuerin kennt man noch nicht so gut – ehrlich gesagt: Man ist auch gar nicht scharf drauf. Sie heißt Ilona und kann weder spinnen noch melken, sondern arbeitet tagsüber im Co-op in der Kreisstadt. Es ist eine Schande, wie solche Leute mit ihrem bäuerlichen Kulturerbe umgehen. Als Ilona und Franz den Hof übernahmen, haben sie doch tatsächlich einen Geschirrspüler und einen Mikrowellenherd angeschafft. Stillos.

Sylvie dagegen serviert wochenends den Kaffee aus einer angestoßenen blauen Emaillekanne. In der Stadt essen sie nur von Limoges-Porzellan, aber auf dem Land gibt man sich dem rustikalen Raunen hin, einschließlich Heugabel als Garderobenhaken.

Mit Ilona und Franz sind die Beziehungen wie gesagt ein bißchen gespannt. Das sind so Leute, die außer CD-Seife auch Acryl an ihre Haut lassen und ihre Töchter Tanja-Simone und Samantha-Birgit genannt haben. Einen Sohn haben sie nicht, was Rolf und Sylvie bedauern, obwohl sie wirklich keine Sexisten sind, aber in diesem Fall schmerzt es einen schon, daß wieder ein traditioneller Wert perdu ist, in diesem Fall die bäuerliche Erbfolge.

Man ist schließlich sensibel, was die Bauern leider nicht sind. Was aber auch Vorteile hat, denn nur so kann Sylvie mit ihrem feinen Gespür fürs Echte den Bauersfrauen immer noch mal eine hölzerne Kaffeemühle oder einen Sandsteintrog aus dem Kreuz leiern.

Sylvie, die vor der Ehe als Visagistin gearbeitet hat, sogar noch in der Ehe, bevor Rolfs Werbefirma endlich diesen japanischen Stekker-Hersteller als Kunden kriegte, Sylvie also hat selber zwei Kinder. Lisa ist noch im Großklinikum geboren. Aber bei Leopold war Sylvie innerlich schon weiter; er kam in Klein-Gerstenbach zur Welt. Das war möglich, obwohl Sylvie damals fast bis zu den Wehen zwischen Paris und Papua jobbte. Aber da kannte sie schon diese einmalig erdnahe Heimgeburten-Hebamme, die seit dem Geburtenrückgang Fußsohlen-Reflexmassage macht.

Und man merkt es den Kindern an: Lisa rennt heute noch schreiend vor Kartoffelkäfern davon. Leopold ist in die Dorfjugend viel besser integriert und macht mit beim Frösche-Aufblasen am schaumigen Teich, wo er der King ist, weil er immer die guten McDonald's-Strohhalme mitbringt.

Natürlich bringt das Sylvie und Rolf in Gewissenskonflikte mit ihrem Unterschriften-Abo beim Tierschutzbund in der Stadt. Sie trösten sich dann beim Chorabend der Freiwilligen Dorffeuerwehr, wo man singt: «Laßt doch der Jugend ihren Lauf!» Rolf hat die Uniform erworben, übrigens auch die der Schützen.

Sylvie findet es unmöglich, wie sich gewisse andere Städter auf dem Land verhalten. Manche pflanzen Brokkoli, Marihuana, Artischocken oder sonstwie entartetes Gemüse. Wenn Sylvie viele Leute zu bekochen hat, gibt's Kohl mit Speck.

Aber Rolf ist an solchen Tagen immer grummelig. Erstens, weil sie ihm verboten hat, beim Kompost-Umschichten seinen Euro-Pieper zu tragen. Zweitens, weil er sich keinen fetten Kohl zu essen traut.

Sylvie hatte ihm das Landleben schmackhaft gemacht. Und er muß zugeben, daß die betauten Reihen der Kohlköpfe im Garten aussehen wie aus alten Büchern. Aber seine Gastritis ist durch die Hypotheken für den Resthof und den ewigen Kohl eher schlimmer geworden.

DIE NEUEN NERVENSÄGEN

Über die Belebung der Innenstädte durch Dilettanten

Warum kann man nicht mehr in Ruhe einen Stadtbummel machen, ohne daß einem jemand partout Flitter auf die Nase stäuben will mit der Behauptung, das brächte Poesie in unser Leben?

In unseren verkehrsberuhigten Innenstädten muß man nicht mehr befürchten, hinterrücks von einer Harley-Davidson angefahren zu werden, doch ist das Risiko gestiegen, von einem Stelzen-Mann überrannt und von einem Äffchen im Lodenjanker angesprungen zu werden. Man kann in den Fußgängerzonen nicht mehr ungestört die Wühltische mit Plastiksandalen durchstöbern, ohne sich in den ausgelegten Fußangeln von alternativer Makramee-Kultur zu verfangen und ohne angegangen zu werden von einem zukkenden Veitstänzer, der sich als Breakdance-Künstler versteht.

Was waren das, rückblickend, für herrliche Zeiten, als man in U-Bahnhöfen nur das hohle Pfeifen und Rattern der Züge vernahm! Heute werden wir in den Schächten zwangsernährt mit musikalischem Schweinefutter, zusammengesetzt aus Resten und Fetzen von Sirtaki-Klängen, bayrischen Maultrommeln, spanischer Gitarre, schottischem Dudelsack und klassischer Querflöte.

Es gibt Leute, die sagen, Roncalli war an allem schuld. Schuld daran, daß Menschen, über deren Witze selbst die besten Freunde nicht lachen konnten, sich jetzt mit einer zu großen Hose und weißer Schminke als Clownstalent fühlen und verpflichtet zu öffentlichem Auftritt vor Karstadt am langen Samstag.

Schuld daran, daß jeder Konfetti-Schmeißer und Seifenblasen-Bläser den Drang zur Selbstdarstellung vor großem, wenngleich unfreiwilligem Publikum verspürt.

Das stimmt so nicht ganz. Es gab Zeiten, da haben wir sie dringend herbeigesehnt, die Gaukler. Anfang der siebziger Jahre war in der Bundesrepublik die Kritik am Städtebau groß in Mode, auch bei Laien. Jedermann schimpfte auf die Verödung der Cities durch Verwaltungsbauten und forderte Fußgängerzonen, Märkte, Musik von lebenden Menschen. Das haben wir nun. Im Übermaß. Und wie immer macht zuviel des Guten eher verdrossen.

Die «Belebung der Innenstädte» durch Dilettanten ist geglückt. Ich kann sie nicht mehr sehen, die Feldbetten voller Fell-Puschen (im Winter) und Jesus-Latschen (im Sommer). Ich würde in meinem Lieblingslokal gern mal wieder essen, ohne daß mir jemand angewelkte Baccara-Rosen unter die Nase reibt. Ich kann sie nicht mehr leiden, die Tapetentische voller Jugendstilschmuck made in Fernost, die Radschläger, Feuerschlucker und sonstigen Künstler, die sich wer weiß wie originell vorkommen und doch nur Massengestanztes anbieten, genau wie ihre ideologischen Feinde Woolworth oder McDonald's. Denn vom Piccadilly bis zum Centre Pompidou, vom Kurfürstendamm bis zur Leopoldstraße umwabert uns der gleiche Duft von alternativem Ambra-Öl und hausgemachten Crêpes.

So war das nicht gemeint, als wir vor Jahren die ersten fahrenden Gaukler in der Bundesrepublik begrüßten wie die Weltoffenheit persönlich. Wir wußten, die reisenden Gitarristen aus Amsterdam, den Jongleur aus Dijon, das gab's schon immer in New York und Paris. Fühlten uns drum geschmeichelt durch deren Auftreten in unseren Provinzen und unterzeichneten willig offene Briefe an kleinkarierte Stadträte, welche die Gaukler aus frisch gepflasterten Fußgängerzonen mit Polizeigewalt entfernen ließen.

Ja doch, als vor 15 Jahren die ersten Boulevard-Artisten bei uns auftauchten, da haben wir sie zu einem Kaffee eingeladen, nach dem Woher und Wohin gefragt. Aha, unterwegs nach Goa – – – beneidenswert! Und wenn ihr durch Wien kommt und eine warme Mahlzeit braucht, dort haben wir eine Cousine, die könnt ihr anrufen.

Auch heute wechseln wir die Straßenseite, wenn wir eines Pflastermalers ansichtig werden. Jedoch in umgekehrter Richtung. Nur Flucht im Sinn vor noch einer mißbrauchten Madonna auf dem Trottoir. Die Einfallslosigkeit der sogenannten Alternativkultur macht einen schauern: Von San Francisco bis San Marco das gleiche Raffael-Motiv: Im Morgengrauen mit einer Schablone auf den Asphalt gepaust, zur Geschäftszeit mit bunter Kreide dran rumgefummelt, bis das Kleingeld im Geigenkasten stimmt.

Und immer dasselbe Gekratze auf der Fiedel. Dieselben ungraziösen Pantomimen, die man für bedauernswerte Epileptiker halten würde, wiesen ihre weißen Baumwollhandschuhe und die umgestülpte Baskenmütze für die Kollekte sie nicht als Vorsatztäter aus. Überall dieselben Nietengürtel, Sonnenuntergänge, Flatterschals.

Und überall dieselben Stadtväter, die Schilder mit «Betteln und Hausieren verboten» an ihre Villentüren nageln. Aber im Dienst umarmen sie gern die sogenannte Alternativkultur. Auf Staatsknete, wie man so sagt. So daß man auf keiner kulturellen Bürgermeister-Party mehr sicher sein kann vor einem grünen Punkt auf der Nase.

UNTER DER NATIONALFLAGGE

DAS HÄTTEN WIR AUCH HABEN KÖNNEN

Über ausländische Prinzessinnen und deutsche Massenmedien

Zu blöd: Wir hatten sie im Übermaß wie die Maikäfer. Den Krabbeltieren haben wir mit Pestiziden den Garaus gemacht, den Prinzessinnen durch soziales Gequengel. Nur beim Kinderfasching und als Bilderbuch-Kulturgut leben die beiden fort, als wenn sie nicht gestorben wären. Unökologischer Umgang mit Lebewesen rächt sich immer. Und Mangelware wird gewöhnlich schick. Zur Strafe reiben uns die Natur und die Medien jetzt täglich die englische Prinzessin Diana unter die Nase.

Zähneknirschend vor Neid wie unsere amerikanischen Verbündeten klatschen wir inwendig Entzücken über Charlies Angel, eine PR-Funktionärin ersten Ranges. Das tut in Deutschland doppelt weh. Während die Amis bekanntlich so was Holdes, unerklärlich Vornehmes wie eine geblütige Prinzessin in echt nie hatten und deshalb begreiflicherweise zigtausend Dollar zahlen, um nur einmal im selben Speisesälchen aus den gleichen Becherchen zu trinken, hätten wir mit den Pfunden unserer zahllosen Prinzessinnen von Gottes Gnaden wuchern können und haben diese historische und internationale Chance versäumt.

Eine Weile lang gab zwar unsere ins Ausland entsandte Mitarbeiterin Silvia Sommerlath Anlaß zu den schönsten Hoffnungen. Ihren selbstlosen Einsatz zur dynastischen Aufforstung eines befreundeten Landes haben ihr die hiesigen Fürsten-Zeitschriften hoch angerechnet. Doch bald widerfuhr ihr der Lauf der eleganten Welt: Sie wurde von einer Jüngeren, Dünneren, Blonderen verdrängt. Haushalts-Göttinnen für den amerikanischen und mitteleuropäischen Markt sind nun mal blond wie Marilyn Monroe, Shampoo-Reklame, die Barbie-Puppe oder Prinzessin Diana. Denn gelbes Haar ist einesteils sexy, andernteils aber auch rein wie das Blond der Kindheit.

Di ist nicht nur blond, sondern auch dünn. Das ist schön und fotogen und enthebt die Berufsfotografen der Anklage unmonarchistischer Umtriebe, die sich angesichts gewisser Fotos von Prinzessin Margaret aufdrängte. Di's Hinterteil ist so aristokratisch unvorhanden, daß es immer nur an den bereitgestellten Sitzgelegenheiten nippt. So muß das nun auch bleiben. Diese Frau wird nämlich bis hoch in die Wechseljahre kein weites Kleid tragen oder auch nur sehnsüchtig begucken dürfen, ohne daß ihr ein neuerliches süßes Geheimnis unterstellt wird.

Amtierende Prinzessinnen haben's auch leichter, in aller Anständigkeit Männerträume zu sein. Das Protokoll setzt ihnen sogar Hüte auf, weil der Anblick eines nackten Scheitels die Fans sonst womöglich auf Gedanken brächte. So eine Prinzessin ist wie ein festlich verpacktes Knallbonbon, an dem die Öffentlichkeit vergebens zerrt: Es läßt sich dank geschriebener und ungeschriebener Gesetze nicht zum Platzen bringen. So darf man immer weiter von einem märchenhaften Inhalt träumen, statt daß einem der übliche kleine Tinnef vor die Füße fällt.

Di hat's gut. Wenn sie im Kaufrausch die Modesalons heimsucht, besorgt sie doch nur Berufsbekleidung, oder? Wenn sie ihre Kinder einer Nurse überläßt, dann opfert sie sich fürs Vaterland und kann mit uns gewöhnlichen berufstätigen Müttern nicht in einen Topf geworfen werden. Wenn sie mit ihrem Mann zu einem Polospiel nach Florida fliegt, ist's Staatsräson statt Vergnügungslust. Und wenn sie lebenslänglich nie was Wesentliches oder Witziges sagt, dann ist es auch nicht ihre Schuld. Sondern die der Hofschranzen und der geblümelten Schwiegermutter. Die wollen eben nicht, daß Diana was Schwerwiegendes sagt.

Diana arbeitet als lebender Markenartikel. Sie ist ein Wertzeichen auf der Außenhandelsbilanz. Solang sie so schön ist und so schön den Mund hält, werden immer neue Auflagen der gleichen alten Geschichte gedruckt werden können. Es sei denn, Günter Wallraff schafft es endlich, sich als Sloane-Ranger zu verkleiden und den überfälligen Bestseller «Ganz oben» zu schreiben.

GENUSS AUF DEUTSCH: NUR MIT REUE

Über unsere Freunde, die Individualisten mit dem Herdentrieb

Wenn Tutti und Gerald an ihren Mitbürgern etwas nicht leiden können, so ist es dieser elende deutsche Untertanengeist, von dem man ja weiß, wohin er führt und schon geführt hat.

Drum, wenn Gerald und Tutti zum Beispiel ein Schild entdecken mit der Aufschrift «Betreten des Rasens verboten!», machen sie sich ein Spaß-Prinzip daraus, über die betreffende Wiese zu latschen. Und halten das für eine politische Tat.

Was Tutti und Gerald an den Deutschen ebenfalls unerträglich finden, ist diese berüchtigte Unfähigkeit zum Genuß. Über die auch unsere paar Starköche immer wehklagen, weil die meisten Bundesbürger offenbar noch zu zimperlich sind, den Gegenwert einer Woche Arbeitslosenunterstützung für eine Flasche Jahrgangs-Champagner hinzulegen.

Gerald und Tutti lassen sich von der öffentlichen Meinung nicht gängeln. Politiker lügen sowieso. Und was in der Zeitung steht, kannste vergessen. Nein, Tutti und Gerald sind völlig unabhängig in ihrer Meinungsbildung. Völlig unabhängig von der Masse essen sie neuerdings keinen Fisch mehr. Besser gesagt: Sie kaufen keinen mehr. War auch zu eklig, dieser Fernsehreport (sie haben ihn zwar selbst nicht gesehen, sich aber eingehende Gruselgeschichten berichten lassen). Und Tutti hat am gleichen Abend ihre Stammzahnpasta auf den Müll geworfen, nachdem ihre beste Freundin sich erschüttert zeigte über den Anblick dieses parodontosefördernden Produktes in Tuttis Badezimmer; das, sagte die Freundin, habe sogar schon in der TAZ gestanden.

Wie sich die Deutschen immer für doof verkaufen lassen durch die Medien, ist Tutti und Gerald ein Rätsel. Drum sind sie jetzt bekennende Nichtwähler und lesen Magazine – die Behauptung war schon immer chic – höchstens noch beim Zahnarzt oder beim Friseur.

Was man wissen muß, wissen Tutti und Gerald auch so.

Von Austern kriegt man Gelbsucht, von Muscheln Magenverstimmung. Ein Professor hat es gesagt. Schweinefleisch ist ernährungswissenschaftlich eine Sauerei. Geflügel bedenklich. Weißwein ist voller Glykol und Mineralwasser auch nicht mehr halb so gesund, wie man mal dachte. Kalbsnierchen – mon Dieu, sind Sie lebensmüde? Pfifferlinge und Fasan – verrückt muß man sein, um so was noch zu essen nach Tschernobyl. Alles erwiesen und durch Institute geprüft, falls jemand widersprechen sollte. Wir deutschen Feinschmecker wissen, wo's langgeht: Unser liebstes Tagesgericht heißt Vermiesen und Autoritäten zitieren.

Der Herdentrieb, die unreflektierte Meinungsbildung der Deutschen, ist natürlich fürchterlich, finden Tutti und Gerald.

Neulich, beim Treffen mit Freunden am Wochenende in diesem elsässischen Gasthof (Geheimtip), hat man – Nematoden hin oder her – freilich ohne Wimpernzucken das Tatar von rohen Fischen genommen. Schließlich wollte man vor den französischen Tischnachbarn nicht als Provinzler dasitzen, der die Speisekarte nach dem Motto behandelt: «Was der Bauer nicht kennt, das frißt er nicht.» Hinterher Kalbsbries. Man konnte es sich ausnahmsweise gönnen, weil man seinen umwelt-alerten Bekannten daheim ausnahmsweise keine Rechenschaft schuldig war über die Schadstoffbelastung von Kalb im allgemeinen und Innereien im besonderen.

Offenkundig fällt den Deutschen das Genießen nur noch im Zusammenhang mit Fremdgehen leicht: Schwäbische Nudeln – pfui Teufel, über den Mord an Hühner-Embryos sind wir bestens aufgeklärt. Und Rollmops – nein, danke!

Ein jeder Händler und Gastronom legt natürlich beim Publikwerden des jeweils letzten Lebensmittelskandals Wert darauf und die Hand aufs Herz, daß es ihn nicht beträfe. Weil er schon immer nur mit seinem immer schon über jeden Verdacht erhabenen portugiesischen Cousin (einem einfachen, aber ehrlichen Fischer) gearbeitet habe. Tutti und Gerald tun sich erheblich leichter, dem augenrollenden Bonifacio Glauben zu schenken als dem Pressesprecher der Fischereigenossenschaft in Bremerhaven.

Es muß gerade die modernen, kritischen, aufgeschlossenen Deutschen doch allmählich stutzig machen, wieso sie noch Nachbarn haben. Wieso die übrigen Europäer nicht längst ausgestorben sind durch ihr hemmungsloses Tafelgebaren: Stell dir vor – die essen nach Herzenslust Fisch, Fleisch und Vögel.

DAS BIERERNSTE VOLK

Über die Verklemmung der Deutschen, zu ihrem Paß zu stehen

Als vor einiger Zeit ein Boulevardblatt enthüllte, König Carl Gustaf ließe sich bei einem Münchner Prominentenschneider größere Posten Unterhosen in den blau-gelben Farben der schwedischen Flagge machen, fanden wir das drollig. Sind halt heimatverbundene Leute, diese Schweden. Käme aber durch eine Indiskretion ans Licht, daß ein Repräsentant der Bundesrepublik dem Tragen schwarz-rot-goldener Unterwäsche frönt, so wäre der schon als Untergrund-Nationalist verschrien, noch ehe sich der Bundestag damit in einer Kleinen Anfrage zu beschäftigen hätte.

Denn wir können mit dem, was wir sind – deutsch –, nur so verklemmt umgehen wie die viktorianische Gesellschaft mit dem Sex. Wir betrachten es als unaussprechlich ungesund, schlüpfrig und nicht mal Witze darf man drüber machen. Kürzlich wurde ein satirischer Buchtitel verboten, weil er Spott mit unserer Flagge trieb (jemand pinkelte darauf). Über unser schwarz-rot-goldenes Vereinsabzeichen darf nicht gelacht werden. Es wird aber auch nicht ernst genommen. Sondern nur bierernst.

In flotten jungen Haushalten gilt es als originell, wenn das eheliche Lager mit Stars-and-Stripes-Bettwäsche bezogen ist, wenn der Fußabtreter die Flagge von Liberia zeigt, der Hausherr mit Socken oder Hosenträgern im Union-Jack-Muster witzelt. Aber wie betreten würden die flockigen Freunde gucken, wenn die deutsche Fahne als Tischtuch oder Sofakissen diente. Grundsatzdiskussionen oder stille Verdächtigungen wären die Folge.

Es ist hier nicht der Platz, auf die Ursachen der deutschen Verklemmung einzugehen, denn darüber schreiben seit vierzig Jahren viele kluge Leute lauter Richtiges. Doch die Folgen der Verdrängung können einem allmählich angst machen. Es gibt, glaube ich, ein deutsches Duckmäusertum vor Tatsachen. Es gibt ein lauthalses Abschwören jeglichen Nationalismus aus honorigen Gründen. Die gschamigen Auswirkungen drohen allerdings die legitimen Ursachen zuzudecken.

Es bricht einem das Herz, wie deutsche Augen in New York, Paris oder London strahlen, wenn taktvolle Einheimische aufgrund des unüberhörbaren Akzents den Fremden fragen, ob er Belgier oder Schwede sei. Deutsche Au-pairs und Austauschschüler reden sich den Mund fusselig mit der Beteuerung, daß sie entgegen anderslautenden Gerüchten keineswegs täglich Sauerkraut und Wagner konsumieren. Deutsch sein ist garstig in der zivilisierten Welt.

Weil es tabuisiert ist im Reigen der selbstbewußten Nationen, verlagert sich die Lust auf Gruppenstolz auf pfiffige After-Tugenden.

Komischerweise ist der Geschäftsmann, der gern damit prahlt, daß man ihn in New York nie als Deutschen entlarvt, gönnerhaft froh, wenn er auf Urlaub in Tunesien oder Thailand richtig eingeschätzt wird: Als Angehöriger eines Stammes, der Sauberkeit, Trinkgelder, Pünktlichkeit, Ordnung und so weiter in die Dritte Welt zu tragen weiß. In Kenia oder Kamerun ist man gern Deutscher, in Paris oder New York lieber nicht – die wissen zuviel. Dort tragen wir lieber das sadomasochistische Korsett der Verkrampfung.

Tölpelhaft stehen wir da, wenn zu fortgeschrittener Stunde in einem irischen Pub oder andalusischen Wirtshaus Lieder gesungen werden und wir was typisch Deutsches zum besten geben sollen. «Dann sing doch wenigstens deine Nationalhymne!» Aber gerade die kann eh keiner.

Bei uns sind Dinge tabuisiert worden, die man lieber dem natürlichen Lauf der Lächerlichkeit hätte überlassen sollen. Frau Thatcher und Frau Reagan tragen oft kleine Schneider-Ausstattungen in ihren Landesfarben Blau-Weiß-Rot. Frau Hannelore Kohl in einem schwarz-rot-goldenen Kostümchen wäre nun wirklich das Letzte. Das kann man der Kanzler-Gattin nicht anlasten. Hier ist modisch-nationale Selbstkritik angebracht: Schwarz mit Tomatenrot plus Postgelb steht keiner Blondine über 15.

LESEN UND LESEN LASSEN

Über den deutschen Hochmut gegen Bücher vom Band

Bitte, lügen Sie jetzt nicht: Haben Sie die Bibel, das Kommunistische Manifest oder Dantes «Göttliche Komödie» je wirklich gelesen, oder zitieren Sie auch nur immer draus?

Macht ja nichts. Inzwischen gibt's ein fabelhaftes Dichtungsmittel für solche Bildungslücken: Books on tape. Bücher vom Band. Bei der Hausarbeit, beim Rasieren, Unkrautjäten und in sonstigen Lebenslagen, wo man schlecht ein Buch halten kann – einfach Cassette reindrücken, und ab geht die Post zur Belesenheit.

Der weltberühmte New Yorker Verlag Simon & Schuster mahnt den geistigen Aufsteiger, sich auch unterwegs nicht einfach dem Schlagergedudel im Radio oder Walkman zu überlassen, sondern lieber ein wertvolles Buch zu hören: «Denken Sie an die kostbare Zeit, die Sie im Berufsverkehr zubringen... an die intellektuell ungenützte Zwei-Meilen-Strecke beim morgendlichen Joggen...»

Genau! Die Gefühlslage des Autofahrers im Stau ähnelt schließlich der des Schülers beim Nachsitzen: Da man sowieso nicht raus darf, kann man ebensogut das Beste draus machen und sich Bildungsgut eintrichtern lassen, um das man in Freiheit einen Bogen schlägt. Es hätte auch was Pikantes, sich auf dem Weg zur Arbeit mit Karl Marxens «Kapital» vollzudröhnen und unterwegs zu einer entfernten Liebschaft das Kamasutra zu rekapitulieren. In den Walkman des keuchenden Joggers gehörte Reinhold Messners Japsen am Himalaja. Und wenn der Jumbo in Turbulenzen gerät, könnte Erica Jongs «Angst vorm Fliegen» als Ohrwurm (vorgelesen von einer erfahrenen Stimme) auf ganz andere Gedanken bringen.

Aber: Seit wann wird uns hierzulande Kulturkonsum leichtgemacht? Das wäre ja noch schöner! Im Schweiße deiner Lesebrille sollst du deine Bildung erwerben...

Dabei gibt es in der Bundesrepublik «Gesprochene Literatur» bereits seit den fünfziger Jahren. Doch während man in Amerika heute unter Abertausenden von Hör-Büchern wählen kann, die jährlich für 30 Millionen Dollar weggehen wie warme Semmeln, ist bei uns die Auswahl so mager wie in einer Zwergschulbibliothek: Kinderliteratur stellt den Löwenanteil; der Rest will Kulturdenkmal sein («Faust mit Gründgens oder gar nicht!») und hat folglich ein Alten-Image: Hölderlin-Gedichte und Lessings «Nathan der Weise» stauben unbeworben in den hintersten Winkeln guter Schallplattengeschäfte vor sich hin, bis mal einer kommt, der ein Geburtstagsgeschenk für den blinden Onkel sucht.

Alles sehr ehrenwert, doch man spürt das teutonische Blei in den Gliedern. Man wolle doch bitte nicht, erklärt der Zuständige des Marktführers Deutsche Grammophon, «Romanführer» für Lieschen Müller abgeben. Außerdem seien wir hier in Deutschland und nicht in Amerika. Und Bücher haben Preisbindung, Cassetten aber nicht.

Als gäbe es nicht auch bei uns einen heimlichen Analphabetismus. Nicht nur von Menschen, die lange kleingedruckte Texte nicht lesen können. Sondern auch den Wohlstands-Analphabetismus von Leuten, die vor lauter Bilanzen und Vertragsklauseln keine Zeit für Bücher haben. Lesen täte so mancher schon wollen, aber die Verhältnisse, die sind nicht so...

Als der Hannoveraner Humorist Uli Stein die Offerte «Schicken Sie uns Ihr Buch – wir lesen es für Sie!» veröffentlichte und gegen geringe Gebühr Inhaltsangabe sowie Konversationswissen über den Autor versprach, erschrak er über die Fülle ernstgemeinter Zuschriften.

Mehr Bücher vom Band könnten auch die Bildungsheuchelei eindämmen. Es erübrigt sich dann, den Softporno oder Brutalo-Krimi im Intercity mit dem Schutzumschlag eines guten Fachbuchs zu kaschieren. Cassetten sind diskret, und die hingerissene Miene des Lauschers verrät dem Gegenüber nicht, ob's Faust II oder Simmel ist, der so fesselt.

RAUMFAHRT AUF DEUTSCH

Über den Stolz und die Probleme, endlich auch im All dabeizusein

Das Shuttle, wo isses denn?» – «Genau südlich von Hawaii, aber der Ernst schläft jetzt wahrscheinlich.» Na endlich: Raumfahrt auf deutsch. Furrer war toll, der fliegende Holländer tüchtig, aber Ernst Messerschmid unser neuer Schatz. Anders als Boris Becker wird er bestimmt nicht aus Steuergründen nach Monaco gehen. Und Ernst nimmt deutsche Belange ernst, indem er zum Beispiel als erster auf die unbefriedigende Überstundenregelung im All verwies. Raumfahrt auf deutsch war auch deshalb so schön, weil wir wieder viel Tierliebe zeigen konnten: Willi, die Fruchtfliege, Gott hab sie selig, war der Nation genauso nahe wie seinerzeit Lajka.

Wir waren kleine Mädchen und unser Gekicher schlimmer als normal, als Dr. Otto, zuständig für Naturwissenschaften, an einem gewöhnlichen Schultag mit schwarzem Anzug, Fliege und steifem Kragen die Klasse betrat. Bei der obligatorischen Bitte um «Ruhe!» hatte er einen Kloß im Hals und sogar Tränen in den Augen. Übernächtigt sah er aus, und warum hatte er an diesem 5. Oktober 1957 weder ein ausgestopftes Murmeltier dabei noch die Nebenfluß-Karte? In der voraufgegangenen Nacht hatten die Russen den Sputnik ins All geschossen. Dies werde die Geschichte der Menschheit verändern, urteilte Dr. Otto, und wir, im Gegensatz zu ihm alten Knacker, dürften's zweifellos noch erleben, daß Menschen den Mond beträten. Mit dieser doppelten Prophezeiung behielt er recht. Auch wenn wir gräßlichen Teenies darin zunächst nur den Beweis sahen, daß der alte Otto nun wirklich gaga sei.

Als dann Lajka, der russische Weltraum-Lassie, in einem Sputnik starb, ging uns das schon näher. Und als in einer warmen Sommernacht des Jahres 1969 Neil Armstrong die ersten Stolperschritte auf dem Mond tat, waren wir natürlich am Fernseher dabei.

Dennoch war das erste Vierteljahrhundert Raumfahrt in unseren Augen ein Hase-und-Igel-Wettlauf zwischen USA und UdSSR, bei dem für uns nur Trostpreise wie etwa die in deutschen Haushaltungen so beliebte Teflonpfanne abfielen. Mitspielen durften wir nicht – bis jetzt. «D1-Deutsche im Weltall. Live aus Oberpfaffenhofen» war ernst und ernst gemeint, so wie auch die «Deutsche Woche im All». Wenn das Fernsehen zusätzlich versicherte, auch die Werkzeugkästen an Bord des für 170 Millionen gemieteten Raumschiffs Challenger seien sämtlich «aus deutscher Produktion», war das bestimmt eine frohe Botschaft an alle Heimwerker. Und Ulf Merbold, unser einziger elder spaceman, machte seine Sache im Fernsehen fabelhaft. Aber Ernst Messerschmid machte sie noch viel besser. Er war der erste Raumfahrer, der unerschrocken neudeutsche Fragen berührte. Er weihte uns ein in die top-secret-Probleme der deutschen Raumfahrt: Wie das Ordnungsamt zum Beispiel schwerste Bedenken hat, beruflichen Weltallreisenden mehr als zehn Stunden Arbeitszeit pro Tag anzuerkennen. Astronauten? Larifari, zunächst sind diese Angehörige des öffentlichen Dienstes, und wo kämen wir da hin, wenn jeder…

Raumfahrt auf deutsch – was für aparte Fragen tun sich da auf! Nach welcher Ländertabelle sind die Spesen abzurechnen? Nach Tarif I (billig wie Bulgarien) oder IV (teuer wie Tokio)? Die wirklichen Probleme werden an den Sekretärinnen der DFVLR hängenbleiben, befürchte ich. Was wird die Krankenkasse sagen? Ist die Weltraumkrankheit eigentlich ein Wegeunfall oder ein Unfall am Arbeitsplatz? Zahlt die Kasse Inlands- oder Auslandssatz für einen, der sechzehnmal am Tag die Datumsgrenze wechselt?

Raumfahrt auf deutsch, live aus Oberpfaffenhofen oder meinetwegen das nächste Mal aus Unterwesel, muß dringend fortgesetzt werden, damit endlich grundsätzliche deutsche Fragen geklärt werden!